Farhad Khosrokhavar

Radikalisierung

Schriftenreihe Band 1796

Farhad Khosrokhavar

Radikalisierung

Aus dem Französischen übersetzt von Stefan Lorenzer

bpb: Bundeszentrale für politische Bildung

Farhad Khosrokhavar, geboren in Teheran, französisch-iranischer Soziologe, ist Studienleiter an der EHESS (École des Hautes Études en Sciences Sociales) und Forscher am Centre d'analyse et d'intervention sociologique (CADIS, EHESS-CNRS). Seine Forschung konzentriert sich auf die Soziologie des modernen Iran, die sozialen und anthropologischen Probleme des Islam in Frankreich sowie die Philosophie der Sozialwissenschaften.

Titel der Originalausgabe: Farhad Khosrokhavar, Radicalisation

Zusätzliche Texte:

Bonn 2016
Lizenzausgabe für die Bundeszentrale für politische Bildung
Adenauerallee 86, 53113 Bonn

Aus dem Französischen übersetzt von Stefan Lorenzer

Umschlaggestaltung: Naumilkat – Agentur für Kommunikation und Design, Düsseldorf
Umschlagfoto: © Nigel Dickinson/Polaris/laif

Lektorat: Elke Habicht
Satz: Susanne Schmidt, Leipzig
Druck und Bindung: CPI books GmbH, Leck

ISBN 978-3-8389-0796-3

www.bpb.de

Inhalt

Claus Leggewie
Vorwort zu Radikalisierung von Farhad Khosrokhavar

Die Kulturwissenschaften sind entstanden und haben ihre besten Momente in jenen Zeiten, in denen die Welt aus den Fugen zu geraten scheint und sich Phänomene zeigen, die schwer in jenen „sinnhaften Aufbau der sozialen Welt“ (Alfred Schütz) passen, den man „normalerweise“ für garantiert hält. Eine solche Irritation produziert seit Jahrzehnten der Terror, der zuletzt von islamistischen Gruppen ausgeht. Woher kommt die mörderische Entschlossenheit, wahllos Wehrlose abzuschlachten? Wie kann es sein, dass jemand sein eigenes Leben dafür opfert? Wie ist es möglich, dass sich säkular-agnostische Menschen zu einer Spielart von Religion bekehren, die den barbarischen Dschihad zum Markenkern erhoben hat? Warum lassen sich Konvertiten als Selbstmordattentäter verheizen, und warum sind unter ihnen junge Frauen, die sich einem brutalen Patriarchat unterwerfen müssen? Warum verlassen junge Leute die westliche Konsumkultur, warum schlagen muslimische Einwanderer diese so radikal aus?

Über solche Fragen wird auf Podien und in Talkshows spekuliert, akademische Kreise werfen ihre Ableitungsmaschine an, um irritierende Anomien sozialpsychologisch und sozialstrukturell auf nachvollziehbare Ursachen zurückzuführen. Da das oft zu unzulässigen Generalisierungen oder hilflosen Gemeinplätzen führt, ist die genaue Beschreibung eines Einzelfalls gegeben. Denn in Hunderten von Fällen haben gleiche oder ähnliche Voraussetzungen alles andere als Terrorismus produziert. Beweggründe und Wirkungen des von Dschihadisten ausgelösten Schreckens kann man auch (und manchmal besonders gut) verstehen, wenn man seinen subjektiven, also je individuellen und inkommensurablen Bedingungen nachgeht. Das ist keine kulturwissenschaftliche Fingerübung, sondern die methodische Beobachtung von Gegnern, ja erklärten Feinden, die mit ihren Mordtaten ganze Gesellschaften aus dem Gleichgewicht bringen wollen.

Farhad Khosrokhavar unternimmt diesen Versuch. Der 1948 im Iran geborene und seit Ende der 1960er Jahre in Frankreich tätige Soziologe ist Studiendirektor des von Alain Touraine initiierten *Centre d'Analyse et d'Intervention Sociologiques* an der renommierten *Ecole des Hautes Etudes en Sciences Sociales* in Paris und hat schon diverse Studien über die (unter anderem dschihadistische) Radikalisierung junger Leute erarbeitet. Zugute kommen ihm dabei zum einen seine philosophische Ausbildung als an Husserl und Heidegger geschulter Phänomenologe und zum anderen Erfahrungen, die er bei einem Intermezzo im Iran der Islamischen Revolution gemacht hat. Aus seinen Feldbeobachtungen und Fallstudien in Frankreich ergibt sich eine Wirkungskette, die im depravierten Leben in den Vorstädten startet und über die jugendliche Kleinkriminalität (Schwarzfahren, Drogenhandel, Stehlen) und das Gefängnis in den Kriegstourismus und nach der Rückkehr zum Dschihad im Westen führt. Wie gesagt: bei einigen, und nicht notwendigerweise. Wut und Frustration sind in der Banlieue weit verbreitet, aber die bis zum Dschihad führende Radikalisierung ist ein "ultraminoritäres Phänomen".

Fehlt hier etwas? Nicht unbedingt muss Religion, genauer: eine radikal einseitige Auslegung des Islam als Treiber individueller und kollektiver Radikalisierung hinzukommen – der Weg in den Terror kann, muss aber nicht über die Moschee führen. Bei immer mehr „ausländischen Kämpfern" und Attentätern stellt man nur ganz oberflächliche Berührungen mit der Religion fest; der Islam beeindruckt eher eine nicht unbeträchtliche Zahl überangepasster Konvertiten.

Was für die meisten Täter hingegen zutrifft, ist eine soziale Isolation und Frustration, deren Ursprungsort oft eine dysfunktionale Familie ist. Eine ultramilitante Aggressivität ist für viele Kämpfer der Weg, endlich Bedeutung zu erlangen, ihrem Leben einen Sinn zu geben, sich in der Welt bemerkbar zu machen. Auf diese Weise, zeigt Farhad Khosrokhavar, imagnieren sie einen sozialen Aufstieg, den ihnen die alteingesessene, aber auch die eingewanderte Mittelschicht verweigert. Bei allen Unterschieden sind sie damit den Anhängern des Front National ähnlich, die sich ebenso abgehängt und fremd fühlen.

Revanchegelüste und Ressentiments spielen dabei eine enorme Rolle, und genau hier tritt die funktionale Rolle des religiösen Universums auf den Plan, das die weltumspannende islamische Umma verheißt. Mit einem Mal sind alle Unklarheiten und Unreinheiten des modernen Lebens und der eigenen Vergangenheit beseitigt, mit einem Mal bietet sich eine trennscharf strukturierte Welt, die Gut und Böse scheidet. Obwohl die *Mudschahedin* unsagbar Unrechtes vorhaben und ausführen, fühlen sie sich als Gerechte, die den Terror der anderen rächen, ob das arabische Diktatoren wie Assad sind oder die amerikanischen Invasoren im Irak.

Khosrokhavar hat gut daran getan, diese aktuelle Radikalisierungstendenz historisch einzuordnen. Da sind in der Geschichte der islamischen Welt die Assassinen, eine religiöse Sekte, die zwischen dem Ende des 11. Jahrhunderts und der Mitte des 13. Jahrhunderts in Persien und in Syrien Mordattentate auf politische Gegner verübte. Sie wurden

„Opferbereite" genannt, weil sie bei diesen Aktionen oft den Tod fanden. Der Autor streift die anarchistischen Propagandisten der Tat im 19. und 20. Jahrhundert und analysiert dann eine delinquente Subkultur in den reichen Ländern (Westeuropa, USA, Japan), die in den 1960er und 1970er Jahren auf (weniger depravierte und Abenteuer suchende) Jugendliche Eindruck machte. Damals war ein Auslöser der opferreiche Krieg in Südostasien gegen Befreiungsbewegungen, deren Bekämpfung entschiedene Gegengewalt gerechtfertigt erscheinen ließ. Damit sollen ungleiche Phänomene nicht gleichgesetzt werden, aber es soll unterstrichen werden, dass Radikalisierung und ihre Begleiterscheinungen (Gehirnwäsche, Paranoia) nicht auf religiöse Fanatiker beschränkt bleiben. Allerdings können sie aus säkularen Zielsetzungen solche machen, die mit quasi-religiöser Inbrunst und Einäugigkeit verfolgt werden.

Wer dafür anfällige Personenkreise von Radikalisierung abhalten und Kämpfer, die dem Wahnsinn auf den Schlachtfelder Syriens und des Irak entronnen sind oder hier zu Lande zu Attentaten fähig wären, deradikalisieren möchte, sollte Farhad Khosrokhavars Studie aufmerksam lesen. Bei aller Einzigartigkeit der Einzelfälle produziert die Soziologie ein Inventar von Radikalisierungsvarianten, die man ergründen kann. Khosrokhavar untersucht reale und virtuelle Entstehungsorte, Finanzierungsquellen und die Rolle des Salafismus. Dabei zeigt sich, dass zwischen dem französischen und deutschen Milieu der Radikalisierung neben vielen Gemeinsamkeiten auch bedeutsame Unterschiede bestehen, deren Herausarbeitung diese instruktive und gut lesbare Studie ermöglicht. Da ist zum einen der, wie Khosrokhavar darlegt, zunehmend kontraproduktive Laizismus der französischen Republik im Vergleich zu einem in Deutschland praktizierten Multikulturalismus, zum anderen die Prävalenz eines kolonialen Antagonismus, der weit ins 19. Jahrhundert zurückdatiert und im Algerienkrieg eine immer noch nicht aufgearbeitete Hypothek hat.

Deutschland, Frankreich und der Rest der Welt müssen sich gemeinsam gegen eine immense Gefahr zur Wehr setzen, die nicht mehr von irgendwelchen Tora-Bora-Kommandozentralen weit weg angeordnet wird, sondern mitten unter uns grassiert. Sie auszuschalten und zu überwinden, wird Jahre und Jahrzehnte dauern. Beginnen sollte man damit, dass man auch Phänomene, die sich einem sinnhaften Aufbau der sozialen Welt so drastisch zu widersetzen scheinen, zu verstehen und zu durchdringen sucht.

Wer radikalisiert sich?

Wer radikalisiert sich? Warum? In welchen Prozessen? In Frankreich lassen sich zwei Gruppen mit ganz unterschiedlichen Antrieben ausmachen. Die eine kommt aus den Vorstadtgettos und hat oft schon eine kriminelle Vergangenheit, die andere kommt aus den Mittelschichten und richtet den Blick nach Syrien.

Die Anschläge, die am Freitag, den 13. November 2015 Paris erschüttert haben, werfen weniger als ein Jahr nach dem Massaker in den Redaktionsräumen von *Charlie Hebdo* erneut die Frage nach dem Dschihadismus und seiner Ideologie auf – aber auch und vor allem nach dem Dschihadisten, der zur Tat schreitet und kaltblütig seine Verbrechen verübt. Was geht in seinem Kopf vor? Woher rührt seine Entschlossenheit? Und wie soll man die Besessenheit begreifen, mit der er tötet und sogar den eigenen Tod als Vollendung seines Schicksals im Märtyrertum vorausplant?

In Frankreich ist der Terrorismus im Namen Allahs ein Phänomen, das eine kleine Minderheit unter den Muslimen betrifft, tatsächlich nur einen winzigen Bruchteil. Seine Auswirkungen jedoch stehen in keinem Verhältnis zur Zahl der Getöteten. Er verstört die Gesellschaft und zeitigt eine tiefe Krise, von der die Grundfesten sozialer Ordnung erschüttert werden.

Die Vorstadtgettos, ein Rekrutierungspool

Von den Attentaten auf die Pariser Regionalbahn RER B bis zum Massaker in den Redaktionsräumen von *Charlie Hebdo* assen sich inzwischen mehrere Generationen radikaler Islamisten in Frankreich unterscheiden (siehe unten).

Gemeinsam ist ihnen, dass es sich um „hausgemachte Terroristen“ handelt, die in Frankreich zur Schule gegangen und ausgebildet worden sind. Zudem haben sie ein ganz ähnliches Profil: Alle blicken bereits auf eine kriminelle Vergangenheit zurück. Sie haben Raubüberfälle begangen oder mit Drogen gehandelt und mehr oder weniger lange Haftstrafen verbüßt. Nur Khaled Kelkal, der in die Bombenanschläge von 1995 verwickelt war, scheint in einer relativ „normalen“ Familie aufgewachsen zu sein; die Übrigen hatten eine schwierige Kindheit, häufig mit Heimaufenthalten. Ihre psychischen Probleme haben sie schon früh zu anfälligen Charakteren gemacht (das war auch der Fall bei Zacarias Moussaoui, der in den Vereinigten Staaten in Zusammenhang mit den Attentaten vom 11. September 2001 zu lebenslanger Haft verurteilt wurde). Überdies teilen sie denselben religiösen Werdegang. Sie waren sämtlich deislamisiert, bevor sie zu *wiedergeborenen* Muslimen oder unter dem Einfluss eines Gurus, ihrer Freunde oder ihrer Lektüren im Internet konvertierten und Dschihadisten wurden. Schließlich haben alle eine Initiationsreise in ein Land des Nahen und Mittleren Ostens oder in Kriegsgebiete unternommen (Irak, Syrien, Afghanistan, Pakistan …). Man kann also von fünf Phasen sprechen: Leben in der Banlieue, Straffälligkeit, Gefängnis, kriegerische Reise und radikale Islamisierung.

Das Leben in den Vorstadtgettos und das Gefühl des Ausgeschlossenseins

Die jungen Menschen aus der Banlieue, die sich dem radikalen Islam anschließen, haben eine grundlegende Gemeinsamkeit: den Hass auf die Gesellschaft. Sie leiden unter einem tiefen Gefühl sozialer Ungerechtigkeit. Soziologische Untersuchungen zeigen, dass sie ihren Ausschluss als eine unverrückbare Gegebenheit erleben, als Stigmatisierung, die ihnen auf die Stirn geschrieben steht und ihrem Akzent so unwiderruflich anhaftet wie ihrer vom Argot der Vorstadtgettos und den angloarabischen Ausdrücken geprägten Sprache. Ihr körperliches Auftreten wird von anderen Bürgern oft als bedrohlich wahrgenommen. Sie haben mit der Gesellschaft gebrochen und verabscheuen Uniformen, selbst die von Feuerwehrmännern, als Ausgeburt einer unterdrückerischen Ordnung. Ihre Identität ist zutiefst geprägt vom Antagonismus zwischen „Integrierten" – ob sie nun „Gallier" sind oder Franzosen nordafrikanischer Herkunft, denen der Aufstieg in die Mittelschichten gelungen ist – und Ausgeschlossenen. Stigmatisiert in den Augen der anderen, leiden sie unter dem intensiven Gefühl der eigenen Herabsetzung, das sich in einer Aggressivität ausdrückt, die beim geringsten Anlass aufflammen kann. Diese wendet sich nicht nur gegen Fremde, sondern häufig auch gegen Familienmitglieder, insbesondere den jüngeren Bruder oder auch die jüngere Schwester, falls sie es wagt, mit einem Jungen auszugehen (sie gehen zwar ihrerseits mit den Schwestern anderer aus, messen aber in ihrem Verhältnis zu Frauen mit zweierlei Maß). Das Vorstadtgetto wird zum inneren Gefängnis und die Selbstverachtung verkehrt sich in den Hass auf andere.

Vom Unbehagen zur Delinquenz

Durch sehr harte Arbeit gelingt es einem Teil dieser Jugendlichen, die Exklusion zu überwinden und in die Mittelschichten aufzusteigen. Oft brechen sie dann alle Beziehungen zu ihrem Viertel und den alten Freunden ab. Andere versuchen auf kriminellem Wege schnell zu Geld zu kommen und das erträumte Leben der Mittelschichten zu führen. Was ihnen am meisten zu schaffen macht, ist das Gefühl der Viktimisierung, also Opfer zu sein. Tatsächlich neigen sie zu der Überzeugung, Kriminalität sei der einzige Weg, auf dem sie in einer Gesellschaft, in der sie überall vor verschlossenen Türen stehen, Zugang finden können zu den Annehmlichkeiten eines Lebens, wie es die Mittelschichten führen. Ihr Hass und das Gefühl der Ungerechtigkeit finden ein Ventil in der Kriminalität und werden für eine Weile besänftigt durch den Zugang zu materiellen Annehmlichkeiten und die Verschwendung illegal beschaffter Güter. Aber einer sehr kleinen Minderheit reicht ein solches abweichendes Verhalten allein nicht aus. Häufig sind dies Jugendliche, die sich in ihrer Haut nicht wohlfühlen. Ihre Selbstverachtung sitzt tief, die Stigmata, die mit dem Leben in den Trabantenstädten, der Kriminalität und einem aus den Fugen geratenen Leben einhergehen, sind ihnen zur zweiten Natur geworden. Was sie brauchen, ist eine Selbstbestätigung, durch die sie nicht nur ihre Würde wiedergewinnen, sondern zugleich ihre Überlegenheit über andere unter Beweis stellen können.

Im Dschihadismus nimmt ihr Hass eine neue Form an. Ihre ohnmächtige Wut verwandelt sich in heiligen Zorn. Sie wird sakralisiert. Das erlaubt es ihnen, ihre Misere durch das Bekenntnis zu einer Weltanschauung zu überwinden, die sie selbst zu Rittern des Glaubens macht und die anderen zu Ungläubigen, die ihr Existenzrecht verwirkt haben. Der radikale Islamismus bewirkt eine Umkehrung der Vorzeichen, eine existenzielle Häutung: Das Ich wird rein, die anderen unrein, Selbstverachtung verwandelt sich in Verachtung der anderen. Endlich ist man jemand und kann das Gefühl der Bedeutungs- und Bestimmungslosigkeit in einer Gesellschaft, in der man sich nur durch Gelegenheitsjobs oder Kriminalität über Wasser halten kann, hinter sich lassen. Eine Identität, die sich im Bruch mit den Anderen konstituiert, sinnt jetzt auf Vergeltung für das erlittene Unrecht. Und es ist die ganze Gesellschaft, die schuldig gesprochen wird. Sie ist, im dschihadistischen Jargon gesprochen, abtrünnig, gottlos, ungläubig. Diese Gesellschaft gilt es zu bekämpfen, selbst wenn man für die heilige Sache in den Tod gehen muss.

Das Gefängnis: Den Hass auf den anderen ausbrüten

Im Werdegang der jungen Dschihadisten aus den Vorstadtgettos spielt das Gefängnis eine maßgebliche Rolle – nicht so sehr, weil man sich dort radikalisiert, sondern weil dort der Hass auf den Anderen wie nirgends sonst heranreifen kann. Die täglichen Beziehungen sind von Reibereien mit dem Wachpersonal und der Haftanstalt als Institution geprägt. Sobald er gegen die im Gefängnis geltenden Regeln verstößt, erinnern die Sanktionen den Gefangenen an die Existenz eines Systems, dem er jede Legitimität abspricht. Darum finden die meisten Jugendlichen im Gefängnis nur noch mehr Gründe, die Gesellschaft zu hassen.

Im Gefängnis macht der junge Straftäter zudem die Erfahrung der Geringschätzung des Islam in ihrer institutionalisierten und depersonalisierten Form. Die Institution Gefängnis nimmt nicht immer groß Rücksicht auf Muslime: der Mangel an Imamen, kollektive Freitagsgebete, die, wenn überhaupt, dann unter Bedingungen stattfinden, die vom Argwohn gegenüber den Teilnehmern zeugen, Verbot von Gebetsteppichen im Hof … Der wachsende Einfluss der Salafisten auf inhaftierte Muslime vertieft den Bruch. Salafisten sind keine Dschihadisten, aber sie predigen eine sektiererische Version des Islams, die zur Desozialisierung der jungen Anhänger beiträgt, indem sie einen unüberwindbaren Graben nicht nur zwischen Gläubigen und Ungläubigen aufreißt, sondern auch zwischen guten Muslimen, die ihren

Glauben gewissenhaft ausüben, und schlechten Muslimen, die es mit den religiösen Vorschriften und Verboten nicht so genau nehmen.

Wer islamistische Neigungen hat, wird durch die Haft, die Härten des Gefängnisalltags und die unausgefüllte Zeit, mit der man nichts Rechtes anzufangen weiß, noch anfälliger für die Sirenengesänge, die zur heiligen Gewalt aufrufen. Verwirrten Gemütern verheißt der radikale Islamismus eine Umkehrung der Rollen. Der junge Mann ist verurteilt worden, man hat ihn ins Gefängnis geschickt – aber künftig wird er es sein, der diese Gesellschaft ohne Erbarmen verurteilt, künftig wird er die Rolle des Richters übernehmen und als Ritter des Glaubens wider die Ungläubigen kämpfen. Der Gefangene gewinnt infolgedessen neues Vertrauen in sich selbst als jemand, der berufen ist, das göttliche Urteil zu vollstrecken.

Die Initiationsreise

Was den angehenden Dschihadisten endgültig von der Legitimität der Sache überzeugt, für die er kämpfen will, ist eine Initiationsreise in ein Land des Nahen und Mittleren Ostens, zu den Schauplätzen des Heiligen Krieges. Mohammed Merah war in Pakistan und Afghanistan; Mehdi Nemmouche ist in die Türkei gereist und steht im Verdacht, 2012 ein Jahr an der Seite von Dschihadisten in Syrien verbracht zu haben; die Brüder Kouachi waren im Jemen, wo sie eine militärische Ausbildung bei „al-Qaida auf der Arabischen Halbinsel" genossen haben. Der Fall von Amedy Coulibaly mag die Ausnahme sein, obgleich sich Spuren von ihm in der Türkei finden und man vermutet, dass er sich in Syrien aufgehalten hat.

In der Mehrheit der Fälle bestätigt die Initiationsreise den jungen Dschihadisten in seiner neuen Identität: Sie erlaubt es ihm, mythische Bande zu den muslimischen Gesellschaften zu knüpfen, obwohl er ihre Sprache nicht spricht und mit ihren Sitten und Gebräuchen nicht vertraut ist. Eine solche Reise bietet ihm zudem die Möglichkeit, sich im Umgang mit Waffen zu schulen. Vor allem aber dient sie dazu, gegenüber der eigenen Gesellschaft zum „Fremden" zu werden. Der junge Dschihadist lernt, „mitleidslos" zu werden, Geiseln oder inkriminierte Personen (Polizisten, Soldaten, Juden, „schlechte Muslime") ohne Gefühlsregung professionell zu exekutieren, alle moralischen Bedenken über Bord zu werfen, kurzum: zum hartgesottenen Kämpfer in einem bis zum Äußersten gehenden Heiligen Krieg zu werden.

Ein negativer Held werden

In diesem Stadium verspürt der junge Dschihadist das unwiderstehliche Bedürfnis, gegen seine eigene ungeliebte Gesellschaft mit der Neo-Umma eins zu werden. Der dschihadistische Islam stellt ihm den Status des absoluten Helden in Aussicht. Als Mudschahed (Glaubenskrieger, vom selben Wortstamm wie Dschihad) wird er ein Märtyrer sein. Er wird töten und Angst verbreiten. Der Hass, der ihm entgegenschlägt, wird ihm Größe verleihen und ihn mit Stolz erfüllen. Umso mehr wird er alles daransetzen müssen, dass die anderen und vor allem die Medien sein Bekenntnis zum Dschihadismus als solches erkennen und anerkennen. Und es sind in der Tat die Medien, in denen die Kunde von seinen Untaten um die ganze Welt geht, die seinen Ruhm verbreiten, ihn zum Weltstar machen werden. Mit ihrer Hilfe wird er aus der Anonymität und Bedeutungslosigkeit heraustreten und zum „negativen Helden" werden. An die Stelle der Verachtung, die ihm die weißen arrivierten Franzosen entgegengebracht haben, tritt Todesangst. Seine Überlegenheit bemisst sich daran, dass die anderen um ihr Leben fürchten. Im Übrigen fühlt er sich von den Medien anerkannt, wenn er tagelang die Nachrichten und die Schlagzeilen beherrscht. Mohammed Merah und Amedy Coulibaly wussten sehr gut, dass die Kameras der Welt auf sie gerichtet waren.

Eine neue Gruppe: Jugendliche aus den Mittelschichten

Die regressive Utopie der Neo-Umma übt kombiniert mit der Rolle des furchtlosen Ritters im Dschihad eine unwiderstehliche Faszination auf bestimmte Jugendliche in den Vorstadtgettos aus. Seit dem Ausbruch des Bürgerkriegs in Syrien 2013 gibt es indessen einen zweiten Rekrutierungspool für den Dschihadismus: Jugendliche aus den Mittelschichten, die in einer Sinnkrise stecken.

Vor 2014 mehr oder weniger unbekannt, machen sie inzwischen neben Jugendlichen aus der Banlieue einen nicht unbedeutenden Teil der angehenden Dschihadisten aus, die nach Syrien aufbrechen, um sich in den Dienst des „Islamischen Staates" (Daesh) oder anderer, aus dem Umfeld von al-Qaida stammender dschihadistischer Gruppen wie der al-Nusra-Front (Jabhat al-Nusra) zu stellen.

Diese Jugendlichen, oft Heranwachsende mit Entwicklungsstörungen, verstärken die Reservearmee des Dschihad, nachdem sie zum Islam konvertiert sind. Unter ihnen finden sich ernüchterte Christen auf der Suche nach starken Erlebnissen, wie sie der institutionalisierte Katholizismus nicht bieten kann, ebenso wie säkularisierte Juden, die eines Judentums ohne religiöse Verankerung müde sind, und Buddhisten, die mit der friedfertigen Spielart dieser Religion in Europa brechen, um nach einer im Dienste des Heiligen Krieges erstarkten Identität zu suchen …

In der Horde der Dschihad-Aspiranten sind auch junge Mädchen aus gutem Hause auf der Suche nach einer postfeministischen Erfahrung, die mit dem Reiz des Fremden lockt und geeignet scheint, einem zu prosaisch gewordenen Leben neuen Sinn zu verleihen. Oft zieht es sie zu den jungen Männern, die ihre Männlichkeit und Verlässlichkeit unter Beweis stellen, indem sie dem Tod ins Auge blicken. Bei ihnen glauben sie Schutz zu finden, ohne ihre Würde als Frau preisgeben zu müssen. Und sie stellen sich auch selbst in den Dienst des Heiligen Krieges: Mit ihrem Bekenntnis zum radikalen Islam werden sie zu Gefährtinnen der Glaubenskrieger und erleben in dieser freiwilligen Knechtschaft ein Vertrauensverhältnis zu Männern, die nichts mit den von Unreife und Lebensangst geprägten Jungen aus ihrer Umgebung gemein haben, die unbeständig sind und nach Lust und Laune ihre Freundinnen wechseln.

Anti-68er

Anders als die Dschihadisten aus der Banlieue beseelt diese Jugendlichen aus den Mittelschichten nicht der Hass auf die Gesellschaft. Und anders als diejenigen, die ihre Ausgrenzung durch die Gesellschaft verinnerlicht haben, ist ihr Leben auch vom Drama der Viktimisierung verschont geblieben. Ihr Problem ist eines der Autorität und der Normen. Die Patchwork-Familie hat in dieser Generation zu einem Autoritätszerfall geführt, und das erstarkte Recht des Kindes hat einen Typus des „früherwachsenen“, aber häufig zugleich unreifen Jugendlichen auf den Plan gerufen. Die Kombination aus Rechtsansprüchen, der Aufsplitterung der Autorität zwischen verschiedenen Elterninstanzen sowie einer Aufweichung von Normen (republikanische eingeschlossen) lässt im Gegenzug den Ruf nach unverbrüchlichen Regeln und starken Autoritäten laut werden. Eine Minderheit dieser neuen Generation leidet darunter, es mit mehreren diffusen Erziehungsinstanzen, aber mit keiner klar definierten Autorität zu tun zu haben. Daher ihr Wunsch nach trennscharfen Grenzen zwischen Erlaubtem und Verbotenem. Die islamistischen Normen bieten eine solche unzweideutige Abgrenzung, die das Verbotene in aller Schärfe namhaft macht. Der radikale Islamismus erlaubt es dieser Jugend, das spielerische Wagnis mit dem tödlichen Ernst dschihadistischer Glaubenssätze zu verknüpfen. Er gibt ihnen das Gefühl, sich nicht allein unverrückbaren Normen zu beugen, sondern mit deren Durchsetzung in der Welt betraut zu sein, das Verhältnis von Heranwachsendem und Erwachsenem umzukehren und derjenige zu sein, der die heiligen Normen aufrichtet und sie den anderen auferlegt.

Die sich für den Dschihad begeisternde Jugend verkörpert Ideale, die denen des Mai '68 diametral entgegengesetzt sind. Ging es damals um Steigerung der Lust in der Unendlichkeit eines gegen gesellschaftliche Zwänge zurückeroberten Begehrens, so ist es dieser neuen Generation im Gegenteil darum zu tun, dem Begehren strikte Regeln aufzuerlegen: Im Bekenntnis zu einem strenggläubigen Islamismus wird es Einschränkungen unterworfen, die ihm in den Augen der Jugendlichen eine neue Würde verleihen. Und wollte man sich damals von Einschränkungen und illegitimen Hierarchien befreien, so wünscht man sie heute herbei und sehnt sich nach sakralen Normen, die dem freien Willen des Menschen entzogen sind. Damals war man Anarchist und vom Hass auf patriarchale Mächte durchdrungen. Heute rehabilitiert sich der radikale Islamismus, indem er sich gegen die Gleichheit von Mann und Frau wendet, eine verquere Form des Patriarchats im Rekurs auf einen unversöhnlichen und ungnädigen Gott – Widerpart sowohl eines verweichlichten Republikanismus als auch eines allzu humanisierten Christentums. Der Mai '68 war ein ununterbrochenes Fest, das sich im Rausch der

Reisen nach Kathmandu und Afghanistan fortsetzte. Heute folgt die dschihadistische Initiationsreise dem Streben einer Reinheit, die sich in einem dem Tod ins Auge sehenden Märtyrertum erfüllt.

Der Niedergang des Politischen

Neben den Phantasmen einer sakralisierten Normativität spielt auch die internationale Situation eine nicht unerhebliche Rolle. Zahllose Jugendliche treibt die Forderung nach Gerechtigkeit für Syrien an, wo ein blutrünstiges Regime 200 000 Menschen getötet und Millionen anderer in die Flucht geschlagen hat. Sie wähnen sich auf einer humanitären Mission, die sich mit einem sich selbst als gutwillig verstehenden Dschihadismus verbindet. Wo der Westen sein Unvermögen gegenüber einer verbrecherischen Diktatur unter Beweis gestellt hat, kämpfen jene Jugendlichen, mit einem naiven Glauben gerüstet, gegen das Böse – im Namen eines Dschihad, dessen monströsen und entmenschenden Charakter sie häufig nicht ermessen. Der Übergang kann sich schleichend vollziehen, wie das bei bestimmten Mitgliedern der Roubaix-Gang der Fall war, etwa bei Christophe Caze, der sich in den 1990er Jahren humanitären Projekten gewidmet hatte, bevor er zum radikalen Islamisten wurde.

Dass Jugendliche aus den Mittelschichten sich der nach Syrien exportierten Spielart des Dschihadismus anschließen, wirft die Frage nach dem Unbehagen auf, das diese Jugend empfindet. Sie leidet am Niedergang des Politischen, sie ist empört über die Ungerechtigkeit in einem durch die Medien nähergerückten Syrien, dessen Regime Verbrechen gegen die Menschlichkeit in monströsen Ausmaßen verübt. Und sie sucht nach etwas, das ihrem Dasein einen Sinn verleiht. Die Jugend aus den Vorstadtgettos hat in der Regel eine infra- oder suprapolitische Einstellung. Die Abschottung, der Rückzug ins Getto oder die Gewalt in ihrer vulgären (Kriminalität) oder sakralisierten Gestalt (Dschihadismus) sind Haltungen sei es diesseits, sei es jenseits des Politischen. In den Mittelschichten hat das Politische als Bezugspunkt seit den 1980er Jahren eine tiefe Krise durchlaufen und für eine ganze Generation seine identitätsstiftende Kraft verloren. Für sie ist der Dschihadismus eine Konsequenz, die sie aus dem Niedergang des politischen Projekts als kollektiven Hoffnungsträgers zieht.

Von den Anschlägen auf die Pariser Regionalbahn (RER B) zu den Terroranschlägen vom 13. November 2015: Zwanzig Jahre Terrorismus in Frankreich

1994-95: Frankreich wird Opfer einer Anschlagswelle. Begonnen hat alles mit dem Militärputsch von 1992 in Algerien, der den Front islamique du salut (FIS), die Islamische Heilsfront, Sieger der Parlamentswahlen von 1991, stürzte. Der FIS verwandelt sich daraufhin allmählich in eine terroristische Vereinigung. Die von ihm abgespaltene GIA (Groupe islamique armé) und andere Splittergruppen wollen Frankreich für seine Unterstützung der Militärs bestrafen. Der Imam Sahraoui, der dem gemäßigten Flügel des FIS angehört, wird am 11. Juli 1995 in Paris getötet. Am 25. Juli desselben Jahres fordert eine in der Linie B des RER (Réseau express régional) deponierte Bombe an der Station Saint-Michel/Notre Dame 8 Tote und 117 Verletzte. Am 17. August findet an der Place de l'Étoile in Paris ein weiterer Anschlag statt, bei dem 17 Personen durch eine selbstgebaute Bombe verletzt werden. Ein weiterer Sprengkörper wird am 26. August 1995 im TGV Paris–Lyon entschärft.

Ein junger Mann algerischer Herkunft, Khaled Kelkal, ist in die Anschläge verwickelt. Am 29. September 1995 wird er in einem Feuergefecht mit den Ordnungskräften getötet. Mehrere Kleingruppen treten in seine Fußstapfen, wie die Roubaix-Gang, deren Mitglieder größtenteils während des Bosnienkriegs 1994/95 an der Seite muslimischer Milizionäre gekämpft hatten. Unter ihnen sind mehrere konvertierte Franzosen, wie Lionel Dumont und Christophe Caze, und weitere junge Männer wie Omar Zemmiri, Mouloud Bouguelane, Hocine Bendaoui ... Am 29. März 1996 stürmt die Polizei ihr Appartement in Roubaix. Die Gang wird zerschlagen.

Die Dschihadistenzelle von Buttes-Chaumont ist eine andere Gruppe, die sich um den jungen Guru Farid Benyettou im Umkreis der Addawa-Moschee in der Rue de Tanger gebildet hat. Der junge Prediger bildet Anhänger aus, trainiert sie im Park von Buttes-Chaumont und schickt sie dann in den Irak, wo sie gegen die amerikanischen Streitkräfte kämpfen. Drei kommen dort ums Leben. 2005 wird das Netzwerk zerschlagen. 2008 werden mehrere dieser jungen Dschihadisten wegen Mitgliedschaft in einer terroristischen Vereinigung und Planung terroristischer Akte zu Haftstrafen verurteilt. (Eines der Mitglieder, Chérif Kouachi, wird gemeinsam mit seinem älteren Bruder Saïd Urheber des Anschlags auf die Satirezeitschrift Charlie Hebdo im Januar 2015.)

Seither sind in Frankreich mehrere Anschläge von den Ordnungskräften vereitelt worden. Erst im März 2012 sieht sich das Land wieder mit erfolgreichen Attentaten konfrontiert, deren Urheber ein junger Franzose algerischer Herkunft ist, Mohammed Merah. Er ermordet in Toulouse und Montauban sieben Personen, sechs werden verwundet. Unter ihnen sind drei Soldaten, zwei von ihnen Muslime, und vier Juden.

Zwei Jahre später, am 24. Mai 2014, werden im Jüdischen Museum in Brüssel vier Personen von Mehdi Nemmouche getötet.

Um Journalisten zu bestrafen, die durch ihre Karikaturen den Propheten beleidigt haben sollen, richten am 7. Januar 2015 die Brüder Saïd und Chérif Kouachi bei ihrem Anschlag auf *Charlie Hebdo* ein Massaker an, dem zwölf Personen zum Opfer fallen. Amédy Coulibaly, der mit den Brüdern in Verbindung steht, deren jüngeren er im Gefängnis kennengelernt hat, tötet am 8. und 9. Februar fünf Personen, eine Polizistin und vier Juden.

Weniger als ein Jahr später, am 13. November 2015, fallen in Paris 130 Personen acht koordinierten Anschlägen zum Opfer. Unter den Terroristen sind mindestens vier Franzosen: Bilal Hadfi, zwanzig Jahre alt und wohnhaft in Belgien, sprengt sich vor dem Stade de France in die Luft; Samy Amimour, 28, und Omar Ismaïl Mostefaï, 29, gehören zum Mordkommando im Club Bataclan, wo 89 Menschen den Tod finden. Ein weiterer Franzose, Brahim Abdelam, 31, zündet seinen Sprengstoffgürtel in einem Restaurant am Boulevard Voltaire.

Drei Generationen von Dschihadisten

Seit den 1980er Jahren hat der Dschihadismus mehrere Phasen durchlaufen:

• **Die „Afghanen“:** Der Ursprung von al-Qaida geht auf die Zeit zurück, in der sich Islamisten mit Unterstützung des Westens nach Afghanistan aufmachen, um gegen die sowjetische Besatzung zu kämpfen.

1989 kehren diese Veteranen – unter ihnen Osama bin Laden – in ihre Heimatländer zurück, um den Dschihad dort „von innen“ zu führen. Sie bilden den ersten harten

Kern derjenigen, die andere im Umgang mit der Waffe und in Kampftechniken schulen.

• **Terrornetzwerke im Internet:** in der Folge tritt eine neue Generation auf den Plan, die weniger vor Ort als vielmehr im Internet ausgebildet wird. Diese Generation verfügt über genaue Kenntnisse des Internet, das sie als Propagandamittel nutzt.

• **Die syrische Front:** Eine dritte Generation erhält ihre Ausbildung in den vom Staatszerfall gezeichneten arabischen Ländern: im Jemen, in Libyen, an der algerisch-tunesischen Grenze und vor allem, seit dem Ausbruch des Bürgerkriegs 2013, in Syrien. Mehr als 10 000 ausländischer Dschihadisten kämpfen derzeit in Syrien, darunter ungefähr 2000 Europäer.

Die Neo-Umma, eine gefährliche Utopie

Historisch gesehen war die muslimische Gemeinschaft (die Umma) eine Bezugsgröße, um lokal, regional oder national (gegen den westlichen Kolonialismus) zur islamischen Solidarität aufzurufen. Aufgrund der Spaltung zwischen Schiiten und Sunniten schloss die Umma indessen nie die Gesamtheit der Muslime ein. Die radikalislamistische Bewegung hat das Phantasma einer weltweiten Neo-Umma ins Leben gerufen. Die historische Entwicklung der muslimischen Gesellschaften wird im Begriff der Neo-Umma geleugnet, ihr Ursprung schlicht und einfach auf die Salaf (Gefährten des Propheten) zurückgeführt und in einer Form gepredigt, die Praktiken wie die Sklaverei wieder zum Leben erweckt: Die Jesiden im Irak werden versklavt und ihre Frauen und Töchter verkauft, das Gesetz der Vergeltung (*qisas*) und das Standrecht werden unter Berufung auf die vermeintliche Transparenz der islamischen Rechtsprechung wieder eingesetzt.

Bedeutung und Tragweite des Begriffs der Radikalisierung

Vor den Attentaten vom 11. September 2001 spielte der Begriff der Radikalisierung in den Sozialwissenschaften und in Untersuchungen, die dem gesellschaftlichen, religiösen oder politischen Extremismus auf den Grund gehen wollten, keine tragende Rolle. Die Literatur zu den terroristischen[1] Bewegungen seit dem 14. Jahrhundert kommentierte weniger den Prozess, der zum Einsatz von Gewalt führt, als vielmehr die unterschiedlichen Formen eines Gewalthandelns, das den einen als Akt des Terrors, den anderen als Widerstand gegen Unterdrücker, Besatzer oder Feinde gilt. Erst nach den Angriffen vom 11. September hat man in den Vereinigten Staaten Forschungen gefördert, die sich dem Terrorismus im Hinblick auf diejenigen Phänomene widmen, die ihn hervorrufen können. Und erst damit wurde Radikalisierung zu einem Schlüsselbegriff für die Frage, wie gewaltbereite Gruppierungen entstehen.

Als Radikalisierung bezeichnet man den Prozess, der dazu führt, dass ein Individuum oder eine Gruppe zu einer Form der Gewaltausübung greift, die unmittelbar an eine sozial, politisch oder religiös motivierte Ideologie geknüpft ist, von der die herrschende politische, soziale oder kulturelle Ordnung abgelehnt wird (Borum 2011; Wilner & Dubouloz 2010). Im Kontext seiner derzeitigen Konjunktur ist die Beschäftigung mit den praktischen Implikationen dieses Begriffs unleugbar von Sicherheitsbedürfnissen geleitet und antwortet

[1] Ich gebrauche das Wort „terroristisch“ in einem eher journalistischen Sinne. Dabei ist mir bewusst, dass ein und derselbe Gewalttäter der einen Seite als Terrorist, der anderen als Widerstands- und Befreiungskämpfer gilt.

auf Fragen des Typs: Wie können Städte, Individuen, Länder (zunächst einmal die westlichen, dann die anderen[2]) vor Anschlägen geschützt werden? Oder: Wie kann man terroristische Netzwerke innerhalb und außerhalb nationaler Grenzen bekämpfen? Wie lassen sich Allianzen mit anderen Ländern schmieden, um diesen Netzwerken, die häufig transnational operieren, Einhalt zu gebieten? Wie können sie und ihre Führer dingfest und unschädlich gemacht werden?

Welche Prozesse bringen Einzelne dazu, sich extremistischen Gruppen anzuschließen? Wie kann man der Anziehungskraft radikaler Ideologien (in erster Linie des dschihadistischen Islam, aber auch gewaltträchtiger Weltbilder rechts- und linksextremer Provenienz) und vor allem dem begegnen, was man „hausgemachten" Terrorismus (*homegrown terrorism*) oder Terrorismus von innen nennt? Ein Terrorismus also, dessen Keimzelle nicht in fernen Ländern (im Nahen und Mittleren Osten), sondern in Europa oder, seltener, in den Vereinigten Staaten, Australien oder Kanada liegt?

Eine weitere Reihe von Fragen betrifft das Persönlichkeitsprofil derer, die den Weg der Radikalisierung einschlagen. Was sind die typischen Profile derjenigen, die dem Terrorismus neuerer Prägung in die Arme laufen? Wie bilden sich die einzelnen Gruppen, was stiftet ihren Zusammenhalt, was lässt sie zur Gewalttat schreiten? Wie und wo rekrutieren sie ihre Mitglieder? Welche Merkmale müssen sie aufweisen, um die Anhänger ihrer radikalen Auffassungen dazu zu bringen, sich aktiv an Anschlägen zu beteiligen? Kurzum: Wie werden Sympathisanten zu Terroristen? Und welche Maßnahmen zur Deradikalisierung gibt es, wenn jene der Anziehungskraft der Terroristen einmal erlegen sind?

---

[2] Die Zahl der Personen, die im letzten Jahrzehnt von radikalen Islamisten getötet wurden, war in der muslimischen Welt sehr viel größer als im Westen.

In Großbritannien, den Vereinigten Staaten und Norwegen hat man ebenso wie in einer Reihe von muslimischen Ländern „Deradikalisierungsverfahren" ersonnen, die Gruppentherapie und Belehrung durch „kompetente Autoritäten" (im Fall der radikalen Islamisten sind das Imame) mit polizeilicher und psychologischer Nachsorge verbinden, um vormals Radikalisierte zu gewaltfreiem Verhalten hinzuführen.

Vor allem in den Vereinigten Staaten, in geringerem Ausmaß aber auch in Europa, in den häufig autoritären Regimen des Nahen und Mittleren Ostens und anderswo haben die Regierungen die Dienste der akademischen Welt in Anspruch genommen, um Persönlichkeitsprofile erstellen zu lassen, die anfällig dafür machen, unter dem Einfluss radikaler Ideologien (hauptsächlich des dschihadistischen Islam) zum Gewalttäter zu werden. Um darüber Aufschluss zu erhalten, sind Milliarden Dollar investiert worden, entweder direkt (von den amerikanischen Geheimdiensten, namentlich der Homeland Security, aber auch durch Eigenmittel von Städten wie New York) oder indirekt (durch Forschungsförderung). Radikalisierung, zuvor ein eher randständiges Thema, wurde zu einem Gegenstand ersten Ranges, dessen Erforschung die westlichen und auf deren Betreiben auch die muslimischen oder muslimisch geprägten Staaten vorantrieben, um Informationen zu sammeln, die es zur Eindämmung dieser von kleinen Gruppen ausgeübten Gewalt braucht.

Man spricht inzwischen von einer neuen Art von Kriegen mit niedriger Intensität, deren Vervielfältigung nach dem Ende der bipolaren Welt, wie es vom Berliner Mauerfall symbolisiert wird, einen tiefgreifenden Wandel in der Natur der Konflikte anzeigt. Für solche Kriege, in denen eine Guerilla oder Terroristen mitgeführte Sprengladungen in den Städten zur Explosion bringen, sind traditionelle Streitkräfte ohne grundlegende Modifikation ihrer Kriegsführung und Informationsbeschaffung nicht gerüstet.

Seit den 1990er Jahren ist der Westen mit Gewalttaten von „hausgemachten Terroristen“ konfrontiert, also von radikalen Islamisten, die in Europa oder den Vereinigten Staaten aufgewachsen sind (so der in Frankreich zur Schule gegangene Khaled Kelkal, auf dessen Konto der Anschlag auf die Linie B der Pariser Regionalbahn RER geht, bei dem 8 Menschen zu Tode kamen und 148 verletzt wurden). Aber mitunter halten sich auch Mitglieder ausländischer Netzwerke im Westen auf, wie etwa in Deutschland die al-Qaida-Mitglieder, von denen der Anschlag auf die New Yorker Zwillingstürme ausgeführt wurde. Diese beiden Typen von Terroristen ausfindig zu machen stellt die Geheimdienste jeweils vor ganz unterschiedliche Anforderungen.

Der Bedarf an Information über diese Terroristen, hausgemacht oder nicht, und über die Wege, auf denen sie sich Ideologien anschließen, die Gewalt predigen, um schließlich zur Tat zu schreiten, ist größtenteils dafür verantwortlich, dass Radikalisierung zu einem Schlüsselbegriff wurde, wenn es darum geht, die Etappen der Heranbildung terroristischer Akteure zu verstehen.

Ein Minderheitenphänomen

Radikalisierung ist ein Phänomen, das in den westlichen und selbst in den islamischen Gesellschaften eine Minderheit, ja eine verschwindend kleine Minderheit betrifft. Es mag viele geben, die einer radikalen Ideologie anhängen, und viele, die aus wirtschaftlichen oder sozialen Gründen Gewalt ausüben (Kriminalität, Verbrechen aus Leidenschaft). Aber es gibt nur sehr wenige, die beide Dimensionen verknüpfen, um daraus ein Mittel der Selbstverwirklichung zu machen – solange sie nicht in Staaten leben, in denen eine suprematistische Ideologie herrscht (das heißt eine, die die Überlegenheit einer Rasse oder gesellschaftlichen Gruppe propagiert), oder sich zu Repräsentanten einer Klasse (wie der Arbeiterklasse im Falle der Sowjetunion unter Stalin) oder einer Nation aufwerfen (radikaler Nationalismus wie im nationalsozialistischen Deutschland). Der Begriff der Radikalisierung, wie wir ihn definieren, schließt indessen den Staat nicht ein, sondern beschränkt sich auf Bewegungen von unten, die von Individuen oder Gruppen ausgehen, die im Namen einer extremistischen Ideologie Gewalt anwenden. Der Begriff der Radikalisierung ist dem des Terrorismus in mancher Hinsicht verwandt, aber er unterscheidet sich von ihm darin, dass er sich auf die Akteure und die Formen, in denen sie sich der Gewalt verschreiben, auf ihre Motive, kurzum: auf die subjektive Dimension ihres Handelns konzentriert – in Verbindung mit den typischen Organisationen, die sich ihrer annehmen und zu deren Entstehung sie auf ihre Weise beitragen.

Radikalisierung ist also, aus dieser Perspektive betrachtet, ein Phänomen, das nur bei einer sehr kleinen Minderheit zu beobachten ist, ob im Westen (wir denken an dschihadistische Täter, aber auch an gewalttätige Rechtsextreme wie den Norweger Breivik) oder in anderen Teilen der Welt (in der muslimischen Welt mag sich die dschihadistische Bewegung der Sympathie einer mehr oder weniger großen Zahl von Personen erfreuen, aber die dschihadistischen Täter im strengen Sinne sind, selbst in Pakistan, ein kleine Minderheit).

Die Zahl der Mordopfer, die auf das Konto eines Dschihadismus, der einer extremistischen Version des Islam verpflichtet ist, oder auf das des Terrorismus überhaupt geht, den rechtsextremen oder linksextremen eingeschlossen, ist seit dem Juli 2005 vergleichsweise gering. Die Anschläge vom 11. September 2001 haben 2793 Opfer und 6291 Verwundete gefordert, die 19 Luftpiraten, von denen die Flugzeuge in die Zwillingstürme gelenkt wurden, nicht eingerechnet. Den Anschlägen der Dschihadisten in den Vorortzügen von Madrid vom 11. März 2004 fielen 191 Menschen zum Opfer, 1858 wurden verwundet. Und bei den Anschlägen vom 7. Juli 2005 in der Metro und im Bus in London gab es neben den vier Selbstmordattentätern 52 Tote und 700 Verwundete. Nach diesem Datum forderte nur noch das Attentat von Anders Breivik am 22. Juli 2011 eine große Zahl von Opfern (77 Tote und 151 Verwundete).

Die Zahlen, die Europol über die Jahre 2011 und 2012 für Frankreich und Europa veröffentlicht hat, zeigen, dass der dschihadistische Terror dort in den letzten Jahren deutlich in der Minderheit ist, sowohl der Zahl der Anschläge als auch der Zahl der verhafteten Personen nach, selbst wenn die Zahlen von einem Jahr zum anderen stark schwanken.

Tabelle 1

		Frankreich	**Europa**
2011	Anzahl der terroristischen Anschläge	85 separatistische Anschläge; keine dschihadistischen Anschläge	174 Anschläge in 7 Ländern (Frankreich, Deutschland, Großbritannien, Spanien, Italien, Dänemark, Griechenland), darunter kein erfolgreicher dschihadistischer Anschlag
	Anzahl der wegen Terrorismus verhafteten Personen	174 davon 46 wegen Dschihadismus, 126 wegen Separatismus	484 davon 122 wegen religiös motivierten Terrorismus
	Anzahl der wegen Terrorismus verurteilten Personen	45	316

		Frankreich	Europa
2012	Anzahl der terroristischen Anschläge	125 Fälle davon 4 dschihadistische, 126 separatistische	219 Fälle davon 6 dschihadistische, 167 dschihadistische, 18 linksextreme, 2 rechtsextreme
	Anzahl der wegen Terrorismus verhafteten Personen	186 davon 91 wegen Dschihadismus, 95 wegen Separatismus	537 davon 159 wegen Dschihadismus 257 wegen Separatismus, 24 Linksextreme, 10 Rechtsextreme, 87 nicht spezifizierte

Quelle: Europol Te-Sat 2012 und 2013

Bei der Zahl der Todesopfer sind die Verhältnisse ähnlich. Gleichwohl fürchtet sich die Öffentlichkeit vor allem vor radikalen Islamisten. Der (zurückgehende) korsische oder baskische, aber auch der rechtsextreme Terrorismus (der Fall Breivik oder die extreme Rechte in Griechenland, in Deutschland, ja in Frankreich) erzeugen nicht solche Ängste wie der radikale Islamismus. Es gibt ganz offenbar eine Angst, die sich spezifisch auf den Dschihadismus richtet und die sich auch in der überproportionalen Berichterstattung ausdrückt, die ihrerseits die in der Öffentlichkeit herrschenden Ängste verstärkt.

Die dschihadistische Radikalisierung wird nicht auf eine Stufe mit derjenigen im Namen eines regionalen Separatismus gestellt, da die von ihr ausgehende Bedrohung nicht auf die gleiche Weise wahrgenommen wird. Der Separatismus wird als innergesellschaftliches Phänomen betrachtet, der radikale Islamismus dagegen als etwas erfahren, was von außen kommt, da der Islam der großen Mehrheit als nichteuropäische Religion gilt. In dieser Hinsicht sind im Übrigen die islamistischen Terroristen, die „von innen" kommen, noch sehr viel beunruhigender. Sie stellen nicht nur eine Bedrohung dar, sondern auch einen Verrat an der europäischen Identität. Das Missverhältnis zwischen realer

Bedrohung und subjektiv empfundener Angst hängt zusammen mit der Ausbreitung des Dschihadismus in der muslimischen Welt und den dort verübten Gräueltaten, den Blutbädern und hohen Opferzahlen, die auf die Verhältnisse im Innern projiziert werden. Man kann natürlich behaupten, es sei der erhöhten Wachsamkeit der Geheimdienste und der Polizei, also auch ihrer Konzentration auf diese Art des Terrorismus, zu danken, wenn der Dschihadismus größtenteils neutralisiert wird und die Zahl dschihadistischer Anschläge in Europa relativ gering bleibt. Wie immer es sich damit verhält – die symbolische Dimension des Islamismus ist von fundamentaler Bedeutung. Mohammed Merah hat sieben Personen getötet, darunter drei Kinder, aber die Wirkung dieser Morde bemisst sich nicht an der Zahl der Opfer. Die Tat hat ein sehr viel tieferes Gefühl der Unsicherheit hervorgerufen als der linksextreme oder rechtsextreme Terrorismus in Europa. Auch der „unmenschliche" Charakter des radikalen Islamismus und seine schwer zu akzeptierenden Motive spielen eine Rolle. Die erklärte Absicht, die „Ungläubigen" zu töten, steht in scharfem Kontrast zu den „innerweltlichen" Motiven anderer Terroristen (Klassenkampf bei den linksextremen, Krieg gegen einen invasorischen Islam bei den rechtsextremen Bewegungen, der Wille zur Abspaltung von den Vereinigten Staaten bei den ultrakonservativen Aktivisten in Amerika ...).

Der Begriff der Radikalisierung in den Sozialwissenschaften

Um sich der Radikalisierung zu nähern, reicht ein von Sicherheitsbedürfnissen diktierter Zugang nicht aus, so sehr diese Dimension durch die Besorgnis der Staaten auch in den Vordergrund treten mag. Für den Soziologen geht es darum, die Frage nach den Formen des Aktivismus in einen weiteren Horizont zu rücken und namentlich die tieferen Beweggründe des extremistischen Täters zu analysieren. Der Wissenschaftler wird insbesondere nach den langfristigen Effekten der Stigmatisierung, der Demütigung, den unscheinbaren Formen der Ablehnung und Exklusion fragen müssen, denen der Täter in der Gesellschaft ausgesetzt ist. In den Aufklärungs- und Eindämmungsstrategien wird diese Dimension häufig vernachlässigt. Die Aufgabe des Soziologen besteht aber gerade darin, den Fokus von einer nur in polizeilicher Absicht geführten Auseinandersetzung mit dem Phänomen zu erweitern, um in einer umfassenderen Perspektive dessen wirtschaftliche und politische, ja sozioanthropologische Gesichtspunkte freizulegen. Radikalisierung darf nicht unter bloßen Sicherheitsaspekten betrachtet werden, sie muss zu einer Problemstellung der soziologischen Erkenntnis werden. Die klassischen Arbeiten über den Terrorismus streifen die Frage nur, ohne sie ausdrücklich ins Auge zu fassen, während das neu erwachte Interesse an der Radikalisierung sehr viel größeren Nachdruck auf die institutionellen, organisationellen Ursachen, aber auch auf die subjektiven Formen legt, die mit ihnen verknüpft sind. Dabei treten insbesondere neue Formen der symbolischen Akkulturation durch das Internet oder die Vernetzung innerhalb geschlossener Gruppen in den Blick, aber auch Formen der Abschottung des Individuums, das sich „autoradikalisiert", indem es alle Beziehungen zu „normalen Menschen" kappt, die neuen Bindungen vor Familie und Freunden geheimhält und über die sozialen Medien (Facebook, Twitter) Kontakte zu anderen Personen knüpft, die es nur über das Netz kennt. Schließlich lenkt das Interesse an der Radikalisierung die Aufmerksamkeit auf die Modalitäten des Übergangs zur Gewalt im Zuge ideologischer Beeinflussung und auf Entscheidungen, die von einer gewissen Unschlüssigkeit und Ungewissheit getragen sein können (wenn die Logik der

Gruppe überwiegt, der das Individuum sich anschließt aus Furcht, allein und ohne Stütze dazustehen) oder im Gegenteil durch die feste Entschlossenheit, mit der Gesellschaft die Klingen zu kreuzen. Es lenkt, anders gesagt, die Aufmerksamkeit auf Formen der Subjektivierung, die für Täterkarrieren entscheidend sind, deren Modalitäten die klassische Soziologie des Extremismus aber nicht hinreichend Rechnung getragen hat.

Im Prozess der Radikalisierung treffen häufig eine kurzfristige und eine mittelfristige, ja sogar langfristige Entwicklung zusammen. Man radikalisiert sich nicht in ein paar Tagen. Der Prozess nimmt mehr Zeit in Anspruch, er setzt Monate der „Reifung" voraus: anfangs ganz unscheinbare Veränderungen der Denkweise, der Affektivität, des sozialen Umgangs des Betreffenden, dessen Umgebung zuweilen eine merkwürdige Veränderung spürt, ohne sie recht greifen zu können. Die kurzfristige Entwicklung kann nach einer individuellen, in manchen Fällen auch kollektiven „Reifezeit" (von mehreren Individuen gemeinsam) im Übergang zur Gewalttat bestehen: Geiselnahmen, Morde, Massaker ... Einmal in Gang gekommen, schließt die Radikalisierung eine symbolische Mobilisierung ein, bei der die Medien dazu beitragen, den Status des „negativen Helden" aufzubauen, den die Radikalisierten (extremistische Islamisten oder säkulare Extremisten wie Breivik in Norwegen) sich bereitwillig zu eigen machen. Diese symbolische Dimension, die bei den klassischen Spielarten des Terrorismus nicht zu beobachten war (die Anarchisten des ausgehenden 19. Jahrhunderts legten es nicht auf diese Art der Berühmtheit an), unterstreicht den psychoanthropologischen Aspekt neuer Formen der Radikalisierung.

Bis in die 1980er Jahre, vor dem Berliner Mauerfall, konnte die Radikalisierung auf ein wohldefiniertes und staatlich untermauertes ideologisches Inventar zurückgreifen. Die bipolare Welt ließ für eine „Psychologisierung" der Radikalisierung keinen Raum. Das Psychische spielte eine Rolle, aber alles war darauf angelegt, seine Wirkungen in Grenzen zu halten. In beiden Blöcken gab es eine gut eingeführte Terminologie, genau bestimmte Einsätze und institutionalisierte Formen sozialen Verhaltens, die eine „individuelle Verwilderung" sehr unwahrscheinlich machten. Heute dagegen hat die Radikalisierung zwar „objektive Gründe" (Exklusion von Jugendlichen mit muslimischen Migrationshintergrund, Konflikte in der islamischen Welt, die proisraelische Politik der Vereinigten Staaten gegenüber den Palästinensern ...), aber die rein subjektive Dimension gewinnt eine immer größere Bedeutung. Sie ist es, die durch einen soziologischen und anthropologischen Zugang freigelegt werden kann.

Der Begriff der Radikalisierung wirft daher in den Sozialwissenschaften Erkenntnisprobleme auf, die weit über die von Sicherheitsbedürfnissen geleitete Perspektive der Geheimdienste und der Polizei hinausgehen.

Bleibt festzuhalten, dass der Begriff des Terrorismus ein Gebiet absteckt, das sich mit dem der Radikalisierung weitgehend deckt.[3] Er soll eine soziologische Erklärung für die Tendenz bestimmter Gruppen bieten, zu ideologisierter Gewalt zu greifen (Wieviorka 1988). Aber er schließt den Staatsterrorismus ein, während Radikalisierung, wie

---

[3] Historisch betrachtet meint *terrorisme* – der relativ alte Begriff taucht 1794 erstmals auf – die Lehre der Anhänger des „*Terreur*", des „Schreckens" während der Französischen Revolution. Der Begriff bezeichnete also ursprünglich eine Weise der Machtausübung des Staates selber und nicht der Opposition gegen ihn (die Anhänger des *Terreur* waren mit Robespierre während der „Schreckensherrschaft" vom März 1793 bis Juli 1794 an der Macht). Der Kampf gegen den Staat unter dem Ancien Régime und die gegen die Macht gerichtete Gewaltausübung wurden eher als *tyrannicide*, als „Tyrannenmord", bezeichnet. Erst im 19. Jahrhundert wird *terrorisme* zum Begriff für den gewaltsamen Kampf gegen die Staatsmacht.

wir schon hervorgehoben haben, auf begrenzte Gruppen beschränkt ist und den Staat gerade ausschließt. Wenn es um den Begriff Terrorismus geht, interessiert sich der Soziologe weniger dafür, dass Individuen sich radikalisieren, als vielmehr für die politische und soziale Bedeutung des Problems. Die Rolle der Individuen, ihrer mentalen und psychischen Verfassung, bleibt der sozialen, politischen und internationalen Dynamik untergeordnet. Der Begriff der Radikalisierung dagegen lenkt die Aufmerksamkeit des Soziologen auf das Individuum, seine Subjektivität, die Modalitäten seiner Subjektwerdung und seines Anschlusses an die Gruppe. Und auf die Interaktion von Gruppe und Individuum in einem Zusammenspiel, in dem die individuelle Psychologie ebenso eine Rolle spielt wie das Charisma des Anführers und die von der Gruppe proklamierten Ideale. Auch im Begriff der „Masse" mit ihren komplexen Beziehungen zum Führer, wie Freud, Canetti oder Le Bon sie beschreiben, finden sich Querverbindungen zu dem der Radikalisierung. Aber der Radikalisierungsbegriff ist vor allem auf den radikalen Islamismus und seine Eigentümlichkeiten zugeschnitten und stellt den „sektiererischen" und „gesellschaftsfeindlichen" Charakter der meisten Gruppen heraus, die diesem Weltbild anhängen – im Namen einer Ideologie, die sich unmittelbar auf die Religion beruft, und säkularer Ideologien, deren Angelpunkt das „Volk" oder das „Proletariat", die „weiße Rasse" oder das „Arische" ist, mythische Personifikationen immanenter menschlicher Kollektive.

Der Begriff der Radikalisierung versucht, eine allgemeine sozialwissenschaftliche Erklärung für ein zumindest aus westlicher Sicht seltsam anmutendes Phänomen zu geben: Die Rückkehr des Religiösen in einer gewalttätigen Form, in der das letzte Ziel der Akteure der Tod ist – sei es der dem Feind zugefügte, sei es der durch ihn erlittene, durch den man Märtyrerstatus erlangt. Das Phänomen hat eine völlig neuartige Dimension, zumal in seiner massiven Verbreitung bei denen, die sich dem geheiligten Tod, dem Märtyrertum, verschrieben haben, um einen Kampf zu führen und Werte zu verteidigen, die seit der Aufklärung längst überwunden schienen: Die in Europa und namentlich in Frankreich herrschende Überzeugung, die Entscheidung über soziale und politische Belange liege beim „Volk", lässt für Gott keinen Raum mehr. Angesichts jener Rückkehr mehren sich Stimmen, die den „innerweltlichen" Blick der Sozialwissenschaften in Frage stellen. Tatsächlich geht es dem Begriff der Radikalisierung unter anderem darum, eine immanente Erklärung für Beweggründe zu bieten, die von den Akteuren selbst als „transzendent" ausgegeben werden – im Rekurs auf eine Religiosität, die in den 1960er Jahren noch als veraltet, ja archaisch galt. Aus sozialwissenschaftlicher Perspektive soll der Radikalisierungsbegriff die Überlebensfähigkeit von „todesträchtigen" Formen der Religiosität (die Feier des Märtyrertodes) oder – das Oxymoron ist aktueller denn je – „neoarchaischen" Ausdrucksmöglichkeiten erklären, bei denen es unter religiösen Vorzeichen zu einer Verkehrung der Lebensideale kommt. Die Herausforderung an die Adresse der Sozialwissenschaften besteht darin, diesen Typ von Religiosität ohne Rekurs auf die Theologie zu erklären. Die theologischen Vorstellungen der Akteure müssen einen nichttranszendenten, immanenten Bedeutungsgehalt haben, der sich in soziologischen und anthropologischen Begriffen klären lässt.

Im Westen steht im Übrigen das massive Auftreten der Radikalisierung in einem ganz bestimmten Kontext, nämlich dem der Deinstitutionalisierung. Zahlreiche Institutionen haben zum Schaden weiter Teile der Bevölkerung eine Schwächung erfahren, manche sind ganz zerfallen. Das gilt für die Gewerkschaften oder für politische Parteien wie die Kommunistische Partei, deren Verschwinden oder Marginalisierung die wirtschaftliche und soziale Integration der Unterschichten extrem erschwert hat. Solange in Frankreich und

Italien die Kommunistische Partei stark war, bot sie zahlreichen Arbeitern oder Arbeiterkindern eine genau umrissene soziale Identität und eine damit einhergehende Selbstachtung. Der Niedergang der Kommunistischen Partei hat sich überdies in einer Situation vollzogen, in der ein bedeutender Teil der Unterschichten wirtschaftlich ausgegrenzt wurde und keine sozialen Aufstiegsmöglichkeiten mehr hat. Wenn zur Exklusion die Stigmatisierung hinzukommt, entsteht eine explosive Mischung. Doppelt geschlagen und ihrer politischen Ausdrucksmittel beraubt, neigen diese Gruppen dazu, entweder in stummer Passivität zu verharren, die von wachsender Kriminalität begleitet wird, oder aber ihrem Aufbegehren durch eine Gewalt Ausdruck zu verleihen, zu deren Ausdrucksweisen der radikale Islamismus zählt. Die Lage verschärft sich aufgrund der mentalen Verfassung derjenigen, die zu einem solchen Typus von Aktion neigen. Der Bezugspunkt „islamisch" setzt einen Steigerungsmechanismus in Gang, der sehr weit führen kann, sobald die Symbole des Dschihad, des Heiligen Krieges, einmal mobilisiert sind und Aktivistengruppen aus anderen Teilen der Welt, insbesondere über das Internet, eine Verstärkerfunktion ausüben. In der muslimischen Welt haben die neoliberalen Politiken der Öffnung, der *Infitah*, Ende der 1980er Jahre die implizite Übereinkunft in Frage gestellt, die darin bestand, den Autoritarismus zu akzeptieren, um im Gegenzug in den Genuss sozialer Vergünstigungen zu kommen. Der Dschihadismus ist Ausdruck dieser Situation, in der das Aufbegehren, aber auch das offenbare Scheitern des autokratischen Nationalismus und der Mythos des „ursprünglichen Islam" neue antimoderne Utopien hervorbringen.

Außer Frage steht die Beziehung zwischen Dschihadismus und sozialer Exklusion – in Europa die Exklusion der Generationen mit Migrationshintergrund, die der Marginalisierung überantwortet sind, in der muslimischen Welt die Exklusion modernisierter Gesellschaftsschichten, vor allem der Mittelschicht. Zahllose ausgebildete Jugendliche finden dort keinen Arbeitsplatz, fühlen sich von despotischen und korrupten Machthabern ausgegrenzt und werden zu selbsternannten Fürsprechern der zu Armut oder Machtlosigkeit verurteilten Schichten (*mustadafun*). Dazu kommt das Ende der bipolaren Welt, in der die Ideologie auf der einen wie der anderen Seite eine maßgebliche Rolle spielte. Der Islam übernimmt fortan die Funktion, die einst Utopien kollektiven Heils hatten, sei es in ihrer marxistischen Version (der Klassenkampf, der der sozialen Ungerechtigkeit ein Ende setzt), sei es in ihrer liberalen Version (der Markt als Wunderlösung aller Probleme).

In der Forschung wird Radikalisierung häufig als Verknüpfung einer extremistischen Ideologie mit einem mehr oder weniger organisierten Gewalthandeln begriffen (Bronner 2009). Gewalthandeln ohne radikale Ideologie kann verschiedene Formen annehmen (Kriminalität, mehr oder weniger situationsbedingte oder durch mentale Störungen hervorgerufene Gewalt). Und radikale Ideologien können auf einer theoretischen Ebene verharren, ohne zum Einsatz von Gewalt zu führen. Von Radikalisierung im strengen Sinne des Begriffs kann erst dann gesprochen werden, wenn es zu einer Verbindung beider kommt.

Eine zu massiver Gewalt führende Radikalisierung war nicht vor der Einführung neuer Technologien möglich. Erst mit der Erfindung des Dynamits, der Fotografie und der Telegrafie war es den Dezembristen (antizaristischen Revolutionären in Russland vom Dezember 1825) möglich, eine Reihe von Taten zu verüben, denen eine mehr oder weniger große Zahl von Menschen zum Opfer fiel, und dafür zu sorgen, dass die Nachricht von diesen Taten um die ganze Welt ging. Zugleich hat der Wille zur Selbstbehauptung durch den vom Dschihadismus gefeierten Märtyrertod zu neuen Formen des Handelns geführt, etwa dem der „menschlichen

Bomben", die bereit sind, sich zu opfern, um Dutzende, ja Hunderte von Personen mit sich in den Tod zu reißen (Cook 2010; Kepel 2003). Und die Medien werden im großen Stil dafür genutzt, die Nachricht zu verbreiten, um die „Feinde" einzuschüchtern und den „Freunden" Mut zu machen.

Kennzeichnend für die Radikalisierung ist die Verknüpfung einer radikalen Ideologie mit der finsteren Entschlossenheit, sie in die Tat umzusetzen.[4] Wir haben es also mit einer zweifachen Radikalität zu tun, die keines ihrer beiden Elemente für sich genommen besitzt. Auf der einen Seite die extremistische Ideologie, auf der anderen die extremistische Gewalttat, die gewiss unter dem Einfluss jener Ideologie steht, aber ihre irreduzible Besonderheit besitzt und sich nicht in der bloßen Ausführung erschöpft. Ist der Übergang zur Tat einmal vollzogen, folgt sie in Anbetracht der Risiken und Notwendigkeiten ihrer Ausführung einer eigenen Logik.

Festzuhalten ist auch, dass es Radikalisierung nicht allein in muslimischen Ländern oder bei Gruppierungen gibt, die sich im Westen oder anderswo (Indien, Thailand, China ...) auf den Islam berufen. Man kann sich im Namen anderer religiöser oder säkularer Ideologien radikalisieren, wie es sie auf der ganzen Welt gibt: Neonazismus und Neofaschismus in Europa, ökologischer Extremismus (Ökoterrorismus, ein Ableger der *deep ecology*), *Pro-Life*-Ideologien, die nicht davor zurückschrecken, gewaltsam gegen Abtreibung oder Homosexualität vorzugehen (Tote in den Vereinigten Staaten und den muslimischen Ländern). Gleichwohl steht der radikale Islamismus im Zentrum der überwältigenden Mehrheit der Studien zur Radikalisierung, nicht allein wegen der Wucht der Anschläge vom 11. September 2001 und der wechselvollen Geschichte des Mittleren und Nahen Ostens, sondern auch, weil die islamistischen Anschläge in Europa und den

[4] Vgl. Khosrokhavar, Farhad (2009; 2011). Eine ausführliche Bibliographie findet sich im Anhang dieser beiden Arbeiten.

Vereinigten Staaten gegenüber jenen, die auf das Konto anderer Formen des Terrorismus gehen, als sehr viel bedrohlicher erlebt werden (selbst wenn die Zahlen das Gegenteil sagen). Wie die Bedrohung im Westen wahrgenommen wird, hängt also entscheidend von der symbolischen Dimension des islamistischen Terrors ab.

Im Prozess der Radikalisierung lassen sich verschiedene Phasen voneinander abheben:

- die Phase der Präradikalisierung,
- die der Identifikation des Akteurs mit radikalen Bewegungen,
- die der Indoktrinierung als Beeinflussung durch extremistische Lehren und schließlich
- die Phase der direkten Einbeziehung der Adepten in die Ausführung von Gewalttaten (Silber & Bhatt 2007; McCauley & Moskalenko 2008).
- Die Theorien der Radikalisierung konzentrieren sich mit unterschiedlicher Gewichtung auf kulturelle, politische, psychologische und internationale Faktoren, aber auch auf Faktoren innerhalb der radikalisierten Gruppen sowie auf die Rolle der Medien und sozialen Netzwerke (Internet) … Sie betonen die Auflösung sozialer Bindungen[5] wie auch politische Faktoren und deren Wahrnehmung durch die radikalisierten Akteure (Crenshaw 2005). Manchen Analysen ist es vorwiegend um Besonderheiten von Splittergruppen zu tun, die sich gegenüber der Außenwelt verschließen. Zur Radikalisierung kommt es hier durch Abschottung innerhalb einer sektiererischen Organisation, die eine starke, gegen die Gesamtgesellschaft gerichtete Identität ausgebildet hat.

[5] Einen Überblick über die unterschiedlichen Theorien der Radikalisierung unter besonderer Berücksichtigung des radikalen Islamismus gibt: Khosrokhavar, Farhad, „Explanatory approaches to Jihadism“ in: Khosrokhavar (2009), Kap. 1.

> Innerhalb der Untergrundgruppe hat man alle Brücken zur Gesellschaft und zur Realität abgebrochen, um nur noch den Kontakt zu anderen Gruppenmitgliedern aufrechtzuerhalten, die ihrerseits keine anderen Kontakte mehr pflegen und der Außenwelt feindlich gegenüberstehen. Durch das Leben in diesem verborgenen und abgeschlossenen Universum im Zeichen eines Reinheitsideals, das bis zur Gewalt gegen andere gehen kann, wird man zusehends „radikalisiert".[6]

Die Beteiligung an Gewalttaten kann eine individuelle Entscheidung sein (der einsame Wolf). Oder sie ergibt sich, wenn das Individuum sich einmal einer Gruppe angeschlossen hat, aus der Interaktion mit deren Mitgliedern. Entscheidend sind sowohl die Abschottung gegenüber der Außenwelt – insbesondere in Verbindung mit Strategien, die das Abtauchen in den Untergrund voraussetzen[7] – als auch die Dynamik innerhalb der Gruppe. Hat sie den Weg in die Gewalt einmal eingeschlagen, ist die Gruppe bedroht, was eine gemeinsame Identität stiftet, durch die diejenigen sozialen Dynamiken verstärkt werden, die den Zusammenhalt der Gruppe über das rationale Urteil von Einzelnen stellen. Daher kann der Einsatz von Gewalt umso verlockender werden, je mehr die Gruppe kraft ihrer sektiererischen Isolation den Realitätssinn verliert. Natürlich greift nicht jede

---

[6] Vgl. Della Porta, Donatella (2005).

[7] Vgl. McCauley, Clark & Moskalenko, Sophia (2011). Die Autoren dieser Arbeit untersuchen Prozesse der Radikalisierung. Ihr besonderes Interesse gilt den individuellen oder kollektiven Beschwerdegründen, die von den Radikalisierten vorgebracht werden. Sie analysieren das, was sie die „schiefe Ebene" nennen: Die allmähliche Radikalisierung der Gruppenmitglieder schreitet in dem Maße fort, in dem ihre individuelle Freiheit abnimmt, während Heroismus, Opferwille und Risikobereitschaft aufgewertet werden und den Entschlossensten eine Vormachtstellung in der Gruppe zuwächst. Die Werte, die innerhalb der geschlossenen Gruppe gelten, gewinnen die Oberhand über die der übrigen Gesellschaft und werden für die Mitglieder verbindlich.

sektiererische Gruppe zur Gewalt. Und nicht alle Mitglieder solcher Gruppen radikalisieren sich. Aber sind die Elemente der Radikalisierung einmal beisammen, kann die gemeinsame Abschottung gegenüber anderen den Übergang zur Gewalt begünstigen.

Bei bestimmten Individuen spielen die im Internet geknüpften Beziehungen zu radikalisierten Gruppen eine wesentliche Rolle. Das Individuum wie seine „Kampfgenossen“ üben gewalttätige Reflexe ein, und die wechselseitige Imitation wie der Heldenkult verstärken ihre antagonistische Haltung gegenüber der Gesellschaft. Die Führerschaft nimmt in solchen Gruppen eine dezentrale und nicht hierarchisierte Form an (Sageman 2004; Leiken & Brooke 2006). In dieser Hinsicht schwächen derlei Netzwerke die Rolle der Persönlichkeiten und rufen radikale Splittergruppen ohne Führer (leaderless) auf den Plan (Sageman 2008).

Man kann diese Auffassung freilich bestreiten, insbesondere im Hinblick auf die Entfaltung neuer Formen der Radikalisierung im Gefängnis, aber auch auf der Straße, wo der charismatische Führer eine unleugbare Rolle dabei spielt, andere, zuweilen unterwürfige oder psychisch gefährdete Personen in Gruppen einzubinden, die weniger als drei Mitglieder haben können (Khosrokhavar 2013).

Bestimmte Experten wollen die Radikalisierung aus dem Zusammenspiel der Entscheidungsprozesse innerhalb terroristischen Eliten, der Motivation von Individuen auf der Ebene einfacher „Infanteristen“ und schließlich der organisatorischen Probleme der Rekrutierung und der Sozialisation der Rekruten erklären.[8] Diese Elemente tragen zur Radikalisierung durch die Kumulierung ihrer Effekte in der Interaktion innerhalb der geschlossenen Gruppe bei.

---

[8] Vgl. Pedahzur, Ami (2004), der ein dreistufiges Modell vorgeschlagen hat.

Andere insistieren auf kulturellen Prägungen und der entscheidenden Rolle, die sie in einem globalisierten Kontext spielen. Auf diesen kulturalistischen Zugang geht etwa die Rede von „Gewaltkulturen“ (Jürgensmeyer 2003) oder „gewalttätigen Subkulturen“ in Gesellschaften zurück. Im Übrigen können Gruppierungen aufgrund ihrer Stigmatisierung oder ihrer Geschichte (das mag der „interne Kolonialismus“ oder jede andere Kränkung sein, die Grund zur Klage gegen die Gesamtgesellschaft gibt) ein starkes Gefühl der Viktimisierung, ein Opferbewusstsein, entwickeln („wir sind die unschuldigen Opfer der Gesellschaft“), das sie zur „legitimen“ Gewalt gegen andere greifen lässt.

Ein anderes Korpus von Forschungen zur Radikalisierung konzentriert sich spezifischer auf religiöse Ideologien. Diese Forschungen verweisen darauf, dass in den durch Immigration entstanden muslimischen Gemeinschaften in Europa strenggläubige Auslegungen des Islam (vor allem in Organisationen wie den Tablighi Jamaat oder bei den Salafisten) auf fruchtbaren Boden stoßen. Daher die Sympathie für radikale Versionen der Religion Allahs (Coolsaet 2005). Diese Theorien bleiben freilich eine Antwort auf die Frage schuldig, weshalb extremistische Versionen anderer Religionen nicht in den „Heiligen Krieg“ münden.

Schließlich versuchen sich Theorien der rationalen Entscheidung (*rational choice theories*) an einer „rationalen“ Deutung radikalen Handelns. Aus ihrer Perspektive gehen terroristische Akte als bewusst vollzogene Handlungen auf eine wohlüberlegte Entscheidung zurück, die auf Strategien setzt, mit denen sich die ins Auge gefassten Ziele am besten erreichen lassen – insbesondere dann, wenn der Gegner auf militärischer Ebene derart überlegen ist, dass die Gruppe in einem klassischen Krieg keine Aussicht auf einen Sieg hätte (vgl. Gambetta 2005). Wenn al-Qaida sich für den Terrorismus entscheidet, ist dies in Anbetracht der eigenen Größe im Verhältnis zu den Vereinigten Staaten und zum Westen überhaupt eine rationale Entscheidung für eine Strategie, die der Organisation Handlungsmöglichkeiten einräumt, die ihr in einem klassischen Krieg verschlossen blieben. Die Radikalität der Akteure hat also eine Dimension, die sich nicht aus affektiven Gegebenheiten erklären lässt, und ist Teil eines strategischen Kalküls, das eine eigene „Rationalität" besitzt.

Grundlegend für die neuen Formen der Radikalisierung ist das Gefühl der Zugehörigkeit zu einer imaginären Gemeinschaft. Durch die Identifikation mit einer Neo-Umma (die ersehnte innige muslimische Gemeinschaft von mythischer Homogenität) versucht der Dschihadist der kalten Gesellschaft, in der er lebt, zu entrinnen, wo seine Anomie (Nichtzugehörigkeit zu einer identitätsstiftenden Gruppe) mit Stigmatisierung und sozialer Bedeutungslosigkeit einhergeht.

Mein Ansatzpunkt ist der einer soziologischen Akteurstheorie, die das Handeln des radikalisierten Individuums in einer globalisierten Welt in den Blick nimmt, in der sein Verhalten drei Bedingungen gehorcht:

- als gedemütigtes Individuum: Das ist der Fall der Jugendlichen aus französischen Vororten und gettoisierten Vierteln in Großbritannien oder der von Israel gedemütigten jungen Palästinenser, aber auch der Jugendlichen des Nahen und Mittleren Ostens, die häufig eine gute wissenschaftliche Ausbildung genossen haben, aber keine Arbeit finden oder sich von autoritären Regimen ausgegrenzt fühlen ... Ob sie aus den Unterschichten oder der Mittelschicht stammen – diese Individuen werfen dem System vor, sie zur Bedeutungslosigkeit zu verurteilen und zu demütigen, indem es sie politisch und ökonomisch an den Rand drängt.
- als viktimisiertes Individuum: Demütigung, Frustration, Rassismus, soziale und wirtschaftliche Ausgrenzung werden innerhalb einer imaginären Struktur erlebt, die dem Individuum das halb reale, halb fiktive Gefühl,

keine Zukunft zu haben, vor verschlossenen Türen zu stehen, kurzum: das Gefühl einer inneren Gettoisierung vermittelt.

Wer diese Situation passiv erduldet, mag in die Kriminalität oder individuelle Gewalt abrutschen. Wer dagegen aufbegehrt und aktiv wird, tut dies häufig, indem er seine innere Erfahrung ideologisiert und durch Übernahme dschihadistischer Vorstellungen seinen Hass gegen die „Nichtmuslime" richtet. Der Islamismus bietet eine aktivistische Alternative, die linksextreme Ideologien nicht mehr zu bieten vermögen,

- als Mitglied einer verfolgten Gruppe, der „Neo-Umma", die in den historisch gewordenen muslimischen Gemeinschaften (der muslimischen Umma) keine Entsprechung hat. Dieses Zugehörigkeitsgefühl lässt das Individuum seine Stigmatisierung überwinden und verleiht ihm eine neue Identität. *Born again*, wiedergeboren, erfährt es, wie in einer Gesellschaft, deren unerbittlicher Feind es geworden ist, seine Stellung sich gleichsam in ihr Gegenteil verkehrt. Zuvor von niedriger sozialer Stellung – Immigrant oder Immigrantensohn, Palästinenser, eingesperrt in eines der erstickenden Viertel im Gazastreifen, oder Ägypter, der in einem Elendsviertel lebt –, wird der junge Mann zum Helden des Islam, der die Gestalt einer „Religion der Unterdrückten" annimmt. Gegenüber der bekämpften Außenwelt gewinnt er den Status des „negativen Helden" (siehe weiter unten): Je mehr die in schwarzen Farben gemalte Welt ihn fürchtet, verabscheut, zurückstößt, desto größer sein Ruhm – ein Held für alle, die sein Glaubensbekenntnis teilen, ein Staatsfeind für alle anderen. Die Berichterstattung der Medien, durch die er sich selbst als „Medienheld" erfährt, lässt zur rationalen Dimension die narzisstische hinzutreten. Die ganze Welt wird ihn kennen, die Medien, die doch auf der Seite des Gegners stehen, werden ihn emporheben und verherrlichen.

Mohammed Merah trägt eine Kamera um den Hals, um seine Taten zu filmen und sie über die Fernsehkanäle in der gesamten Welt zu verbreiten; Moussaoui hält im Mai 2006 vor Gericht menschenverachtende Reden, in denen er die Opfer des 11. September beleidigt, weil er nur zu gut weiß, dass seine weltweite Berühmtheit umso mehr wächst, je mehr er die Empörung der Amerikaner erregt und sich als finstere Gestalt darstellt. Diese Dimension des „negativen Stars" ist grundlegend für die Subjektivierung derer, die sich heute radikalisieren, insbesondere die Dschihadisten, aber auch jemandes wie Anders Breivik, der zur extremen Rechten zählende norwegische Terrorist, auf dessen Konto das Gemetzel vom 22. Juli 2011 geht. Breivik hatte „Werbung" für seine Ideologie gemacht, indem er am Tag des Anschlags elektronisch ein Dokument verbreitete, das seinen „Kulturkonservatismus", seinen Ultranationalismus, seine Islamophobie, seinen Antifeminismus, seinen „weißen Nationalismus" und seinen Zionismus feiert, um dem Multikulturalismus „Eurabias"[9] und den Muslimen entgegenzutreten, die es zur Rettung des Christentums aus Europa zu vertreiben gelte. 1518 Seiten stark, ging sein *Manifest 2083*, das er nicht auf Norwegisch, sondern auf Englisch verfasst hatte, um es der ganzen Welt zugänglich zu machen, an mehr als tausend Adressaten, unterstützt von zahlreichen Posts auf der Seite *document.no*, die ihrerseits der weltweiten Information und Verführung dienen sollten. Für Breivik waren die Anschläge selber Teil seines Werbefeldzugs für das Projekt eines neuen Europa.

Diese drei Dimensionen, die im Kontext der Globalisierung ineinandergreifen, haben die radikalisierten Personen

[9] „Eurabia" bezeichnet unter Rechtsextremen das Phantasma eines arabisierten Europas.

verinnerlicht. Die Gewalttat und die Berichterstattung über sie sind nicht mehr voneinander zu trennen. Die symbolische Dimension, die nicht allein der Information, sondern auch der Einschüchterung und Verführung dient, und die Konditionierung des Gegners durch den Schock der Bilder (die beim Täter das Gefühl der Allmacht wecken) gehen Hand in Hand mit der Brutalität der Tat: Das radikalisierte Subjekt handelt nicht allein, um Schaden anzurichten, sondern auch, um im Dienst der eigenen Sache „die Trommel zu rühren".

Im Übrigen radikalisiert man sich stets aus dem Gefühl heraus, man selbst oder die Gruppe, der man sich zugehörig glaubt, sei Opfer tiefer Ungerechtigkeit, und aus der Überzeugung, dass reformerische Absichten dagegen nichts ausrichten. Nicht jedes Gefühl einer unerträglichen Ungerechtigkeit führt zur Radikalisierung, aber jede Radikalisierung setzt dieses Gefühl bei den Akteuren an der Basis voraus. Das Gefühl der Ungerechtigkeit kann eine Alltagserfahrung sein (die Unterdrückung der Tschetschenen durch die russische Armee, der Palästinenser durch die israelische Armee, der Kaschmirer durch die indische Armee, um nur ein paar Fälle zu zitieren), die eine Radikalisierung nationalistischen Typs nach sich zieht. Aber die Ungerechtigkeitserfahrung kann sich auch durch eigene Erfahrung oder Übertragung auf die gesamte Weltsicht eines sich radikalisierenden Akteurs ausdehnen. Junge Franzosen maghrebinischer Herkunft, die unter sozialer Marginalisierung leiden, übertragen die Erfahrung der Palästinenser mit der israelischen Armee auf ihre eigene Situation in den französischen Vorstädten, wenn sie gegen Ordnungskräfte aufbegehren. Diese imaginäre Übertragung hat nicht zwangsläufig eine reale Entsprechung (die französische Polizei ist nicht die israelische Armee), aber sie nährt sich durch Nachahmung und erstreckt sich schließlich auf sämtliche sozialen und politischen Beziehungen des Individuums. Um das bereits zitierte Beispiel noch einmal aufzugreifen: Wenn Jugendliche aus französischen

Vorstädten sich in dem Glauben radikalisieren, der Westen verfolge den Islam, dann stützen sie sich nicht nur auf eigene Erfahrungen mit den Ordnungskräften (Muslime, die von der Polizei misshandelt werden, die Islamophobie), sondern zitieren auch bosnische, afghanische, irakische oder malische Beispiele, um daraus den Schluss zu ziehen, dass Frankreich und die Vereinigten Staaten sich verschworen haben, um die Muslime auf der ganzen Welt zu unterdrücken. Also verwandeln sie sich in Retter des Islam und entscheiden sich für den Dschihadismus im Inland (Mohammed Merah) oder im Ausland (die Gruppe um Farid Benyettou). Das Imaginäre, die Subjektivierung, die Nachahmung, die subjektive Übertragung und das Gefühl der Erniedrigung spielen im Prozess der Radikalisierung eine maßgebliche Rolle. Der junge Franzose nordafrikanischer Herkunft versetzt sich in die Lage des Palästinensers oder, allgemeiner, des muslimischen Arabers, der von Israel oder vom Westen gedemütigt wird. Der junge „Paki"[10] identifiziert sich mit dem von der indischen Armee unterjochten Kaschmirer, der junge Tschetschene begehrt gegen die Unterdrückung der russischen Armee auf, aber er kann sich, noch realitätsferner, durch Übertragung auch gegen das Aufnahmeland radikalisieren und sich zum Helden des Islam im erbarmungslosen Kampf gegen ein unterdrückerisches „Amerika" erklären.

Die Radikalisierung gewinnt also eine imaginäre Dimension ausgehend von Bildern, die man im Internet oder im Fernsehen gesehen hat, und aufgrund von Freundschaften, die nicht nur in der Nähe (die Kumpel), sondern auch in der Ferne, im Internet oder im Gefängnis mit Individuen geschlossen werden, die schon radikalisiert sind oder aufbegehren, weil sie aufgrund ihrer Religionszugehörigkeit (als Muslim) oder ethnischer Merkmale (als Araber, Schwarzer,

[10] Engländer pakistanischer Herkunft, der in den Armenvierteln der großen englischen Städte lebt.

„Gris", wie Franzosen maghrebinischer Herkunft in Frankreich genannt werden) ungerecht behandelt werden.

Auf anthropologischer Ebene hat die Radikalisierung eine unleugbare politische Dimension, die sich aber auf eine Weise ausdrückt, die man infra- oder suprapolitisch nennen kann (Wieviorka 1988). Infrapolitisch: Indem es sie mit einer affektiven Dimension überblendet und Gewalt zum Mittel seines Handelns macht, bringt das radikalisierte Individuum seinen Groll und seinen Willen zur Veränderung zum Ausdruck, ohne auf Lösungen zu sinnen, die politisch umsetzbar wären. Gewalt kann durchaus zu Lösungen führen, aber häufig verschärft sie Spannungen und hat eine kontraproduktive Wirkung, weil sie den Gegner seinerseits radikalisiert, statt Verhandlungsbereitschaft zu wecken. Die suprapolitische Dimension liegt darin, dass es mitunter haltlose Utopien sind, die zur Radikalisierung führen (die Utopie eines universalen, in sämtlichen islamischen Gesellschaften, ja der ganzen Welt herrschenden Neokalifats, der die Dschihadisten anhängen, ist metapolitisch und so wenig zu verwirklichen wie eine klassenlose Gesellschaft).

Dergestalt wird die Politik durch die Logik der Radikalisierung fehlgeleitet, insbesondere dann, wenn Letztere sich einer supranationalen oder transnationalen Utopie verschrieben hat. Robert Pape (2006) hat darauf hingewiesen, dass die überwältigende Mehrheit von Selbstmordattentaten nicht religiösen Motiven, sondern der Anwesenheit einer fremden Armee auf nationalem Gebiet geschuldet ist. Tatsächlich ist es mir darum zu tun, zwischen zwei Typen von Utopie zu unterscheiden. Die erste ist begrenzt und beruht häufig auf präzisen Beanstandungen und „realistischen" Forderungen. Der Nationalismus oder seine islamonationalistische Spielart sind das verbreitetste Modell. Das angestrebte Ideal ist ein konkretes, nämlich die Bildung einer Nation. Das ist der palästinensische Fall, aber auch der kaschmirische, tschetschenische … Wenn dieser Utopie derart unüberwindbare

Hürden im Weg stehen, dass die Verfechter an ihrer Verwirklichung verzweifeln, tritt eine zweiter Typ von Utopie auf den Plan, den ich „entfesselt" nenne und bei dem es sich um die Radikalisierung des erstgenannten Typs handelt. Auf den ersten Fall trifft die Hypothese von Robert Pape zu: Nimmt eine fremde Armee für einen mehr oder weniger langen Zeitraum ein Gebiet ein, so besteht bei eklatantem Missverhältnis der Kräfte eines der Mittel zu ihrer Bekämpfung in Selbstmordanschlägen. Ist die Utopie dagegen „entfesselt" – wie der globale Kampf gegen den Imperialismus, die Errichtung einer weltweiten klassenlosen Gesellschaft oder das von al-Qaida und den von ihr beeinflussten Gruppen verfochtene Neokalifat –, ist ihre Verwirklichung in keiner absehbaren Zukunft denkbar. In Europa haben die Entscheidung für den radikalen Islamismus und die wenigen Selbstmordanschläge nichts mit einer bewaffneten Präsenz im Heimatland ihrer Urheber zu tun, bei denen es sich größtenteils um hausgemachte Terroristen handelt. Diese werden von einem doppelten Groll umgetrieben. Demütigung im Heimatland (in Europa) und Bedrängnis der muslimischen Länder anderswo verschränken sich in einem Modell, in dem die imaginäre Konstruktion von eminenter Bedeutung ist. Die Radikalisierung ist im Fall der beschränkten Utopie anderer Art als in dem der entfesselten Utopie.

Charakteristisch für die Radikalisierung ist häufig eine Gefühlslage, in der auf der einen Seite erlittene Demütigung und Verzweiflung, auf der anderen Seite aber der Wille, dem Feind eine noch tiefere Demütigung zuzufügen, und die Überzeugung, die Utopie im Ausgang von einer „Theologie der tollkühnen Hoffnung" verwirklichen zu können, eine zeitlich unbestimmte Aussicht auf einen künftigen Frieden eröffnet. Verzweiflung und Demütigung können sich in gewalttätigem Verhalten (Radikalisierung) aussprechen, ohne zwangsläufig von jener Theologie der tollkühnen Hoffnung begleitet zu werden, aber der Wille, den Feind eine noch tiefere Demütigung spüren zu lassen, ist in sämtlichen Formen der Radikalisierung allgegenwärtig. Im radikalen Islam sind die radikalisierten Akteure von der Idee durchdrungen, infolge des beharrlichen dschihadistischen Kampfes werde Gott eingreifen, um eine auf den Islam gegründete universelle Theokratie zu errichten. Der Wille, den arroganten Westen und eine Welt, die den Idealen, die man verkündet, feindlich gegenübersteht, noch tiefer zu demütigen, ist die Kehrseite dieser Ideologie, die zugleich innerweltlich (jetzt und hier erbittert gegen den Feind kämpfen, ihn demütigen, ihn erniedrigen) und außerweltlich ausgerichtet ist (auf die göttliche Intervention warten, die den übermächtigen Feind vernichten wird).

Geschichte der Radikalisierung

Die „Assassinen" – Anfänge der Radikalisierung

In der Geschichte der Radikalisierung im hier einschlägigen Sinne, nämlich als Radikalisierung beschränkter Gruppen, lassen sich verschiedene Perioden unterscheiden. Manchen gelten die „Assassinen" im 11. Jahrhundert als die Gruppe, die für den ersten systematischen Radikalisierungsversuch in der vormodernen Welt steht. An der Spitze des Kleinstaates, dessen Zentrum die Alamut-Festung im Iran war, etwa hundert Kilometer von der heutigen Hauptstadt Teheran entfernt, hatte Hassan Sabbah eine sektiererische Gruppe von Getreuen um sich geschart, die bereit waren, sich auf sein Geheiß zu opfern, um Mordanschläge auf von ihm bezeichnete Personen zu verüben. Diese Geheimgesellschaft, die sich auf den Ismaelismus, einen Ableger des Schiismus, berief, war wegen der erfolgreichen Attentate gefürchtet, die sie auf die politischen Gegner Sabbahs verübte, namentlich auf den seldschukischen Wesir Nizam al-Mulk, der 1092 ermordet wurde. Die Indoktrination, die unter Sabbah stattfand, und die Verknüpfung einer radikalen und sektiererischen Ideologie mit dem Einsatz von Gewalt kennzeichnen eine Umsetzung des „Terrorismus" in der heutigen Bedeutung des Wortes. Die Legende besagt, dass Sabbah seinen Jüngern Haschisch gab, um sie in seinen Bann zu schlagen und um ihnen in dem Garten, den er in der von ihm bewohnten Alamut-Festung angelegt hatte, einen Vorgeschmack auf die Wonnen des Paradieses zu geben.

Der anarchistische Terror im 19. und beginnenden 20. Jahrhundert

In der modernen Welt gingen die ersten vereinzelten Versuche radikaler Gewaltausübung von der beginnenden Arbeiterbewegung am Ende des 18. Jahrhunderts aus, bevor sie unter dem Einfluss utopischer Kommunisten wie Marx und Engels, die ein alternatives Gesellschaftsmodell vorschlugen, eine organisierte Gestalt annahm. Diese sporadische Gewalt richtete sich etwa gegen die Maschinen, durch die sich die Handwerker ihrer traditionellen Arbeit beraubt sahen, oder auch gegen die Ordnungskräfte, die es ihnen verwehrten, sich zu organisierten Gruppen zusammenzuschließen. Die ersten Syndikate sind oft unter der Drohung der Polizei, aber auch der Arbeitgebermilizen entstanden. In Ländern wie dem zaristischen Russland, in denen die Machthaber häufig an zwei Fronten kämpfen mussten, gegen ihre eigenen reaktionären Parteigänger und gegen die entstehende Welt der Intellektuellen und der Arbeiterklasse, bildeten sich radikale Intellektuellengruppierungen, die einen unleugbaren Einfluss auf die Radikalisierung weiter Teile der Gesellschaft hatten, insbesondere auf Bevölkerungsschichten, die sich zu modernisieren begannen (der harte Kern der Mittelschichten, Wissenschaftler etc.). Man mag an die Nihilisten denken, an die Dezembristen und die zahlreichen *free floating intellectuals*, die sich mit dem Widerstand gegen die Autokratie identifizierten, um zu Parteigängern der in Russland entstehenden Arbeiterklasse und zu Fürsprechern der proletarischen Revolution zu werden, indem sie die Gewalt des „Volkes“ gegen den Autoritarismus der Machthaber und die fortbestehende Leibeigenschaft (sie war 1861 nur teilweise abgeschafft worden) für legitim erklärten. Der Aufstand der Dezembristen von 1825 scheiterte und zog die strafrechtliche Verfolgung ihrer Anführer nach sich. Die Brutalität der Repressionen rief eine Radikalisierung weiterer Gruppen auf den Plan, die nicht an die Möglichkeit einer internen Reform des autokratischen russischen Regimes glaubten, namentlich der Gruppe „Volkswille" (Narodnaja Wolja), einer anarchistischen russischen Organisation, die sich im letzten Viertel des 19. Jahrhunderts gebildet hatte und deren bedeutendste Tat die Ermordung von Zar Alexander II. im April 1881 sein sollte.

Der Anarchismus wird im 19. Jahrhundert zum Organon revolutionärer Gewalt gegen den Kapitalismus, gegen die ihn unterstützenden Kräfte und die überalterten Autokratien Europas. Das Gewalthandeln im Namen einer Ideologie, die jede Gesetzestreue aufkündigt, nimmt die Gestalt jener anarchistischen „Propaganda der Tat" an, die zur geschriebenen oder mündlichen Propaganda hinzutritt und das geltende Recht außer Kraft setzt, indem sie sich für den „permanenten Aufstand" als einzigen Weg zur Revolution ausspricht. Es ist wahr, dass ein Großteil der Intellektuellen und Aktivisten, die auf einen friedlichen Übergang zur Revolution gehofft hatten, entmutigt waren, nachdem die Revolution von 1848 nahezu überall in Europa und Lateinamerika gescheitert war, ebenso wie später die Kommune von 1871. Die Radikalisierung anarchistischer Gruppen führte zur Bildung geschlossener Gruppen, in denen eine Diktatur des Kollektivs herrschte. So konnte man in die Gruppe Narodnaja Wolja eintreten, aber es war bei Strafe der physischen Auslöschung verboten, aus ihr auszutreten. Auch musste sich „jedes Mitglied des Komitees [des Exekutivkomitees von Narodnaja Wolja] feierlich verpflichten, all seine Kräfte auf die Revolution zu verwenden, alle Bande des Blutes, der persönlichen Sympathie, der Liebe und Freundschaft zu vergessen, sein Leben rückhaltlos einzusetzen, keinen persönlichen Besitz zu haben und seinen individuellen Willen aufzugeben" (Cannac 1961: 149). Das ist vom Treueschwur der Assassinen Hassan Sabbahs nicht weit entfernt, mochten die einen auch glauben, ins Paradies zu kommen, wenn sie alle töteten oder einschüchterten, die der Große Führer (*da'i*) ihnen genannt hatte, während die anderen ihre Befehle im Namen des geknechteten Volkes ausführten. Im einen Fall ist das Heilige religiösen, im anderen säkularen Ursprungs, aber beide berufen sich auf das, was unanfechtbar ist und keinen Widerspruch duldet. Die von den russischen Anarchisten im 19. Jahrhundert eingeführte „Propaganda der Tat" schloss terroristische Akte, Strafmaßnahmen, Sabotage, Guerillaakte und andere Arten der Gewaltanwendung ein (Vareilles 2005).

Mehrere der zahlreichen Morde, die von Anarchisten an der Wende vom 19. zum 20. Jahrhundert verübt wurden, waren von Erfolg gekrönt. Erwähnen wir nur die Ermordung des französischen Präsidenten Sadi Carnot am 24. Juni 1894, des spanischen Regierungspräsidenten Antonio Cánovas del Castille im August 1897 (als Vergeltung für die Folter und Hinrichtung von Anarchisten in Barcelona), des italienischen Königs Humbert I. am 29. Juli 1900, des amerikanischen Präsidenten William McKinley am 14. September 1901 und Marius Plateaus, eines der Gründungsmitglieder der Action française am 22. Januar 1923. Andere Attentate schlugen fehl, so das auf Kaiser Wilhelm I. in Deutschland, auf Georges Clémenceau in Frankreich und Benito Mussolini in Italien.

Insgesamt richteten sich die Angriffe der anarchistischen Bewegung gegen Regierungsangehörige, um nicht bloß die Öffentlichkeit zu beeindrucken, sondern auch Rache zu nehmen für die Repressionen, denen ihre Mitglieder ausgesetzt waren, und die Arbeiterklasse zu mobilisieren. Die Revolutionäre, von denen die Anschläge ausgeführt wurden, kamen aus verschiedenen europäischen Ländern und verwirklichten die Internationale der Gewalttäter lange vor der politischen Einigung Europas. Die anarchistische Bewegung gleicht in mehreren Hinsichten al-Qaida, durch ihren transnationalen Charakter ebenso wie durch die globale Reichweite ihrer Absichten – Beschuldigung der westlichen Welt,

Nichtanerkennung des bestehenden Rechtssystems, ideologische Rechtfertigung der Gewalt – und in der Bereitschaft ihrer Mitglieder, für die Sache ihr Leben zu lassen. Nationale Grenzen sind kein Hindernis mehr, die Terrorakte können in Russland, in Frankreich, in den Vereinigten Staaten, in Italien oder anderen Ländern verübt werden, während Asien nicht und Lateinamerika kaum betroffen ist.

Die anarchistische Gewalt entsprach einer Weltordnung, in der die Unterschichten dem Elend überantwortet waren und eine außerordentlich harte Unterdrückung herrschte.[11] Heute führen al-Qaida und die Dschihadisten das Schicksal der Muslime und namentlich der Sunniten ins Feld, die ihnen zufolge durch die Schiiten und westliche Kreuzritter unterstützt würden, aber auch die Situation der Palästinenser und die israelische Repression. Terroristische Akte entspringen einem Kontext der Gewalt, insbesondere wenn eine radikale Ideologie den Kampf derer trägt, die militärisch unterlegen sind und sich dieses Mittels bedienen, um ihre Unterlegenheit zu kompensieren. Radikalisierung ist die Folge der Erfahrung von Gewalt und ihrer Deutung innerhalb ideologischer Raster, die die Akteure dazu treibt, sich auf gewaltsames Handeln einzulassen.

Die linksextreme Gewalt der 1970er und 1980er Jahre: Rote Brigaden, Rote Armee Fraktion und Action directe

Nach den Anarchisten am Ende des 19. und zu Beginn des 20. Jahrhunderts tritt in der „bleiernen Zeit“ zwischen

[11] In Frankreich befiehlt Adolphe Thiers die Massenexekution von 30 000 Kommunarden; in Chicago eröffnet die Polizei am 4. Mai 1886, nachdem bei einer Arbeiterversammlung eine Bombe gezündet worden war, das Feuer. Dreißig Arbeiter finden den Tod (Haymarket-Massaker).

1970 und 1990 in Europa und in den Vereinigten Staaten ein neuer Typ von Gewalt auf den Plan, der von Ideologien der extremen Linken geprägt ist. In Europa sind im Wesentlichen drei Länder von dieser Art Gewalt betroffen: Frankreich durch die Action directe, Italien durch die Roten Brigaden (Brigate rosse) und Deutschland durch die Rote Armee Fraktion. In den Vereinigten Staaten verüben radikale Gruppierungen wie die Weathermen oder die Symbionese Liberation Army, die Praktiken der gewalttätigen Anarchisten des ausgehenden 19. Jahrhunderts wiederaufleben lassen, Attentate gegen unterschiedliche Ziele. Diese Bewegungen entstehen aus einer komplexen soziopolitischen Konstellation. Auf der einen Seite kommt es zur Errichtung von Diktaturen der Rechten und extremen Rechten, namentlich in Lateinamerika (der Militärputsch von Augusto Pinochet im September 1973 beendet das demokratische Experiment unter Salvador Allende, und in der Operation Condor tun sich die Dikaturen zusammen, um in einem „schmutzigen Krieg" Oppositionelle zu verfolgen, zu töten und verschwinden zu lassen) und in den afrikanischen Ländern (in Nigeria mit der Diktatur des Generals Sani Abacha am Ende der 1990er Jahre, in Guinea mit der Herrschaft von Sékou Touré, in Marokko mit der Verschärfung der Repressionen des Regimes von Hassan II. ...). Auf der anderen Seite geben die Parteien, die sich auf die Arbeiterklasse berufen, ihre revolutionären Ambitionen zugunsten der Teilnahme am Wahlsystem auf (insbesondere die kommunistischen Parteien in Frankreich und Italien nach dem Zweiten Weltkrieg). In der revolutionären Linken breitet sich teilweise ein Gefühl der Verlassenheit aus. In Frankreich bleibt trotz des Mai 1968, einer Blütezeit entfesselter Utopien, die Rechte nach den Wahlen an der Macht. In Italien schwört die Kommunistische Partei der Revolution ab und entscheidet sich klar für die Urnen und gegen den bewaffneten Kampf.

Die Roten Brigaden sind nach der Zahl ihrer Aktivisten (mehr als tausend) und der beteiligten revolutionären Organisationen die gewichtigste Bewegung. Ihr Terror erreicht seinen Höhepunkt 1978 mit der Entführung von Aldo Moro. Nachdem er gefangen genommen wurde und die Regierung sich weigerte, mit den Terroristen zu verhandeln, wird der ehemalige italienische Regierungschef ermordet. Im Oktober 1970 von Alberto Franceschini und Renato Curcio gegründet, will die Gruppe den bewaffneten Kampf der kommunistischen Linken fortsetzen, den die Kommunistische Partei gegen Ende des Zweiten Weltkriegs aufgegeben hatte. Ihre Parteigänger nehmen auf, was sie „bewaffnete Propaganda" oder „bewaffneten Kampf" nennen. Dessen Mittel reichen von Mord und Pistolenschüssen auf die Beine von Zielpersonen bis zur Entführung von Staatsbeamten (Polizisten, Staatsanwälten, Journalisten, Politikern ...). Sie ermorden auch Gewerkschaftler, wie Guido Rossa im Januar 1979, nachdem er einen Arbeiter wegen des Verteilens ihrer Flugblätter angezeigt hatte. Die Bewegung teilt sich nach 1981 in mehrere Untergruppen, von denen eine sich 1988 in der Bundesrepublik Deutschland der Roten Armee Fraktion anschließt. Im Verlauf der 1980er Jahre schwören die meisten Brigadisten der ersten Generation dem bewaffneten Kampf ab. Sie werden von einer zweiten Generation abgelöst, die für Gewalttaten wie die Ermordung eines italienischen Regierungsberaters im März 2002 verantwortlich ist, in deren Gefolge fünf Mitglieder der Roten Brigaden zu lebenslänglicher Haft verurteilt werden. Im Februar 2007 werden 15 mutmaßliche Terroristen festgenommen, während sie nach Auskunft der Polizei Anschläge vorbereiteten. Der Gruppe gehören junge Rekruten, aber auch Veteranen an. Im Juni 2006 werden sechs der Mitgliedschaft in den Roten Brigaden verdächtige Personen festgenommen und angeklagt, einen Anschlag auf den G8-Gipfel in Italien vorbereitet zu haben. Frankreich, unter dessen Intellektuellen es

Sympathien für die Roten Brigaden gibt, erklärt sich unter Mitterand bereit, 300 Mitgliedern, die auf französisches Gebiet geflohen waren, Straffreiheit zu gewähren, sofern sie sich bereit erklärten, keine Anschläge zu planen – ausgenommen von diesem Angebot wurden diejenigen, die schon Gewaltverbrechen begangen hatten (Laske 2012). 1981 waren in Italien 1523 Personen inhaftiert, die den Roten Brigaden nahestanden und des Terrorismus angeklagt waren. Im Übrigen hatte die Sowjetunion der Bewegung logistische Unterstützung zukommen lassen, als eine Reihe von Mitgliedern in der Tschechoslowakei untergetaucht waren. Es gibt auch Hinweise darauf, dass die Roten Brigaden von der CIA, ja vom italienischen Geheimdienst unterwandert waren.

Die Radikalisierung der Mitglieder gehorcht bei den Roten Brigaden zunächst der Logik der italienischen Verhältnisse, unter denen Individuen, die meist der Mittelschicht entstammen, sich zu Repräsentanten der Arbeiterklasse erklären und vorgeben, mit Waffengewalt den von der Kommunistischen Partei, die zu einer starken demokratisch gewählten Kraft geworden ist, aufgegebenen Klassenkampf fortzusetzen. Die durch „Selbsternennung" gewonnene Überzeugung, Repräsentant einer sakralisierten Gruppe zu sein, findet sich auch in den gegenwärtigen dschihadistischen Bewegungen, deren Mitglieder behaupten, die wahren Verteidiger eines Islam zu sein, der von den traditionellen Ulama (Religionsgelehrten) ebenso beschmutzt worden sei wie von den sogenannten „islamischen" Regierungen (Saudi-Arabien) und anderen Kräften der muslimischen Welt, die bezichtigt werden, im Sold der weltweiten Idolatrie, der *taghut*, anders gesagt: des Imperialismus der Kreuzritter oder des Zionismus zu stehen. Je tiefer diese Überzeugung, Vertreter einer heiligen Ordnung zu sein, im Geist der Gruppenmitglieder verankert ist und je mehr er von einer radikalen Ideologie legitimiert wird, die zur Gewalt ermächtigt, desto leichter vollzieht sich die Radikalisierung. Von Zeit zu Zeit muss die Organisation sich wandeln, damit es ihr gelingt, der Jugend die Botschaft vom heiligen Kampf zu vermitteln und für die Fortsetzung der Aktionen neue Mitglieder anzuwerben. So schlagen dschihadistische Organisationen wie al-Qaida eine Brücke über den Graben zwischen den Generationen, indem sie sich einer Argumentation bedienen, deren Vokabular sich kaum verändert, deren Grammatik sich aber der neuen Situation anpasst (die Beziehungen zwischen Chefs und Mitgliedern, zwischen verschiedenen Gruppen, die sich auf die gleiche Ideologie berufen, die Anpassung an einen veränderten politischen und internationalen Kontext etc.).

Mit dem Beginn der 1990er Jahre lassen die Roten Brigaden Ermüdungserscheinungen erkennen. Zum einen sind zahlreiche Mitglieder der Bewegung verhaftet worden, zum anderen hat das Gewalthandeln im politischen Raum Italiens an Legitimität verloren.

Die Action directe ist eine anarchistische Gruppe, deren Name sich der gleichnamigen anarchistischen Theorie verdankt. Die Mitglieder dieser Gruppe, deren Zahl auf etwa 180 geschätzt wird, haben sich zwischen 1979 und 1987 zu mehr als achtzig Gewalttaten bekannt, die ein Dutzend Tote und 26 Verwundete forderten (Dartnell 1995). Vom französischen Staat 1982 verboten, wird die Bewegung seither als terroristische Vereinigung eingestuft. Ihre letzten Mitglieder, 1987 verhaftet und verurteilt, wurden der Ermordung des Generals René Audran, des Generaldirektors von Renault, Georges Besse, weiterer Führungskräfte der Armee und bedeutender Mitglieder der französischen Arbeitgeberschaft für schuldig befunden – sowie zahlreicher Anschläge, namentlich auf Standorte von Interpol und der Westeuropäischen Union. In der Bewegung gibt es einerseits anarchistische, andererseits marxistisch-leninistische Flügel. Erstere stehen der deutschen Roten Armee Fraktion nahe. 1978 verwandelt sich die Action directe in eine

Guerilla-Organisation, die sich zu Angriffen auf den imperialistischen Kapitalismus, den Staat und die großen Konzerne bekennt. Waffen und Sprengstoff beschaffen sie sich durch Einbrüche und Überfälle. Nachdem Mitterand 1982 zum Präsidenten gewählt wird, zerfällt die Organisation in zwei Gruppen: Eine schwört dem revolutionären Kampf ab, um freilich weiterhin antisemitische Anschläge zu verüben, die andere schließt sich nach 1985 der Roten Armee Fraktion an, um den revolutionären Kampf in Europa gemeinsam zu führen (Savoie 2011). Von 1982 bis 1987 verübt die Action directe mehrere Attentate auf Polizisten, große Arbeitgeber, hochrangige Militärs ... Die Führer der Action directe werden in den 1980er Jahren festgenommen und zu langen Haftstrafen verurteilt.

Die Rote Armee Fraktion (RAF), nach ihren Anführern Andreas Baader und Ulrike Meinhof auch Baader-Meinhof-Gruppe genannt, ist eine zwischen 1970 und 1998 in Westdeutschland operierende Vereinigung der linksextremen Stadtguerilla, die für Anschläge, Entführungen und Ermordungen verantwortlich zeichnet. Sie entsteht aus der Radikalisierung der deutschen Studentenbewegung, die gegen Ende der 1960er Jahre den amerikanischen Imperialismus, den Vietnamkrieg, die Ermordung von Che Guevara 1967 in Bolivien anprangert, während innenpolitisch die radikale Linke gegen die Koalition der großen rechtskonservativen Parteien (CDU/CSU) mit der SPD nichts auszurichten vermag. Der im Juni 1970 in der Zeitschrift *Agit 883* erschienene Text „Die Rote Armee aufbauen" ist das offizielle Gründungsdokument der RAF, die „die Klassenkämpfe entfalten, das Proletariat organisieren, mit dem bewaffneten Widerstand beginnen [und] die Rote Armee aufbauen" will. Mehrere Mitglieder der Gruppe reisen in ein Trainingscamp der Fatah in Jordanien, um sich im Umgang mit Waffen und Sprengstoff ausbilden zu lassen. Wie die Action directe und die Roten Brigaden finanziert sich die Organisation durch Einbrüche und Überfälle. Auseinandersetzungen mit der Polizei, die der etwa fünfzig Mitglieder der Gruppe habhaft zu werden sucht, führen zum Tod zweier Polizisten und eines Passanten. Die Bombenanschläge auf amerikanische Militäranlagen und öffentliche deutsche Einrichtungen fordern 1972 vier Tote und etwa dreißig Verletzte (Steiner & Debray 2006). Die Anführer der ersten Generation der RAF werden im Juni 1972 festgenommen und unter menschenunwürdigen Bedingungen in Isolationshaft gehalten; mehrere von ihnen sterben zwischen 1976 und 1977 unter zwielichtigen Umständen. Die Verbliebenen werden im April 1977 zu lebenslanger Haft verurteilt. Mitglieder der nachrückenden zweiten Generation entstammen teils dem Heidelberger Sozialistischen Patientenkollektiv, das im Februar 1970 von Patienten aus der Psychiatrie der Heidelberger Polyklinik gegründet wurde, teils werden sie von Anwälten der Mitglieder der ersten Generation rekrutiert. Die dritte Generation zählt kaum noch ein Dutzend Personen. Zwischen ihrer Entstehung 1970 und ihrer Auflösung 1989 hatte die Bewegung insgesamt zwischen sechzig und achtzig aktive Mitglieder, deren Aktionen 24 Mordopfer forderten.

Die drei großen linksextremen Terrorgruppen Europas zeichnen sich durch ihre Lebensdauer, die zwischen zwei und drei Jahrzehnten schwankt, durch die relativ geringe Zahl ihrer Mitglieder (um die Hundert im Fall der Action directe und der Roten Armee Fraktion, um die Tausend in dem der Roten Brigaden) und durch deren nationale Rekrutierung aus (obgleich es versuchsweise zu Bündnissen kam, waren sie doch nur von marginaler Bedeutung). Dem Geiste nach internationalistisch (antiimperialistisch, antikapitalistisch), haben diese Gruppen gleichwohl nur einen nationalen Aktionsradius. Ihre Entschlossenheit zu radikalen Aktionen hat nur zwei oder drei Generationen überleben können. Im

Großen und Ganzen bedeutete der Berliner Mauerfall für diese Gruppen das Ende. Sie mussten nicht nur wegen des Durchgreifens der Polizei, sondern auch aufgrund ihres eigenen Erlahmens und ihrer Unfähigkeit, Nachwuchs heranzubilden, ihre Aktionen einstellen. Ein Gleiches gilt nicht für den Dschihadismus, der sich seit den 1980er Jahren am Leben erhält und der allenfalls Zeichen der Wandlung, aber keine Ermüdungserscheinungen erkennen lässt.

Die Entwicklungsphasen von al-Qaida und das Wiedererstarken des Dschihadismus mit den arabischen Revolutionen

Im Vergleich ist al-Qaida die Krönung des transnationalen Terrorismus auf der Grundlage einer Radikalisierung, die seit den 1980er Jahren über mehrere Generationen anhält. Die Vereinigung ist zur Dachorganisation für eine Vielzahl von Gruppen geworden, die sich im Zuge einer mehr oder weniger symbolischen Filiation ihre Ideale, ihre politischen Überzeugungen und ihren Kampfstil zu eigen gemacht haben. Al-Qaida hat mehrere Entwicklungsphasen durchlaufen: die Phase einer relativen Legitimität, die sie in den Augen des Westens im Kampf gegen die Sowjetunion in Afghanistan besitzt (bis 1989); die Phase des Kampfes gegen den Westen, die in den Anschlägen vom 11. September kulminiert; und schließlich, nach der Schwächung aufgrund der Verfolgung durch die Vereinigten Staaten und der Eliminierung eines Großteils ihrer Führer, eine Phase, die von der Schaffung zahlreicher Splittergruppen geprägt ist. Diese behaupten, den Kampf im Geiste von al-Qaida fortzusetzen, sie bekennen sich zu ihr und rufen neue Strukturen ins Leben, in denen geschlossene, sich selbst finanzierende und sich selbst organisierende Gruppen von zusehends geringerem Umfang und zusehends dezentralisierter Verwaltung koexistieren. Sie nutzen das Internet, um ihre Vision eines künftigen islamischen Universalstaats (das Neokalifat) zu verbreiten, auf die sich eine Vielzahl von Splittergruppen beruft, zwischen denen keine organisatorische Verbindung besteht. Gewiss kommt es vor, dass manche sich vor Ort zusammentun und mehr oder weniger verschmelzen wie in Nordafrika oder, im Fall des ISIS (des „Islamischen Staats im Irak und in Sham"), zwischen Syrien und Irak. Charakteristisch für diese Veränderung ist die wachsende Beweglichkeit und Anpassungsfähigkeit von Gruppen, die in permanenter Wandlung begriffen sind, um sich dem internationalen Zugriff zu entziehen und neue Anhänger und Sympathisanten, vor allem über das Internet, zu werben. Allen Hindernissen zum Trotz gelingt es den dschihadistischen Gruppen, zu deren Symbol al-Qaida geworden ist, neue Generationen zu radikalisieren, in den sozial abgehängten Vierteln Europas ebenso wie unter den jüngeren Generationen der modernisierten Mittelschichten im Mittleren Osten.

Mit den arabischen Revolutionen (Ben Ali flieht am 14. Januar 2011 nach Saudi-Arabien, Mubarak tritt 18 Tage nach dem Beginn der Revolution am 25. Januar 2011 zurück) wird ein neues Kapitel in der Geschichte des Dschihadismus aufgeschlagen, und es treten neue Formen der Radikalisierung auf den Plan.

Zunächst kommt es zu einer Krise des Dschihadimus als sozialer Bewegung. Mit ihrer kriegerischen Gesinnung und ihrer unausgesetzten Gewalt ist es den Dschihadisten nicht gelungen, ein einziges arabisches Regime zu stürzen, während die friedlichen Revolutionäre mit nackten Händen zwei der despotischsten Regime der arabischen Welt in die Knie gezwungen haben. Die Rekrutierungskrise verband sich mit einer ideologischen Krise und drängte die dschihadistischen Kreise in die Defensive. Gleichwohl wurden aus Anlass dieser Revolutionen zahlreiche radikale Dschihadisten aus dem Gefängnis entlassen, sei es durch Amnestie, sei es, weil in der Phase der Ungewissheit oder des Fehlens einer Zentralgewalt die Tore der Gefängnisse einen Spalt geöffnet wurden.

Die euphorische Phase der arabischen Revolutionen hielt nur ein paar Monate an. In Ägypten und Tunesien, die beide auf den Tourismus angewiesen sind, der politische Instabilität fürchtet, verschlechterte sich die wirtschaftliche Lage, wodurch insbesondere die Mittel der schwächsten Gesellschaftsschichten dahinschmolzen. Die Muslimbrüder in Ägypten und Ennahdha in Tunesien, 2012 legal an die Macht gekommen, pflegten anfangs einen laxen Umgang mit den Dschihadisten, in dem Glauben, sie könnten sie dazu bringen, der Gewalt abzuschwören. Dadurch konnten die radikalen Islamisten während dieser Phase im Sinai Fuß fassen, ebenso wie es salafistischen Dschihadisten in Tunesien gelang, sich in den Armenvierteln um Tunis und in rückständigen Gebieten wie Sidi Bouzid, wo die Revolution nach dem Selbstmord Mohamed Bouazizis im Dezember 2011 ausgebrochen war, breiter Unterstützung zu versichern. Die wichtigste dschihadistische Organisation, Ansar al-Scharia, deren Führer Abu Ayad unter Ben Ali zu einer sehr langen Haftstrafe verurteilt und nach der Revolution begnadigt worden war, konnte auf diese Weise an Boden gewinnen. Ihr wird vorgeworfen, sowohl an dem Anschlag auf die Botschaft der Vereinigten Staaten als auch an der Ermordung zweier führender Politiker, Chokri Belaïd und Mohamed Brahmi, im Februar und Juli 2013 beteiligt gewesen zu sein.

Im Übrigen hat sich die Lage Libyens als „gescheiterten Staates“ nach dem Sturz des Gaddafi-Regimes im Oktober 2011 noch verschlechtert. Ein großer Teil seines Militärarsenals ist den Kriegsherren in die Hände gefallen, die damit Waffen an verschiedene Gruppen verkaufen konnten, unter ihnen Dschihadisten in Schwarzafrika (Mali eingeschlossen) sowie im Nahen und Mittleren Osten. Auch im Jemen hat die Strategie des Präsidenten Saleh, dschihadistische

Gruppen mehr oder weniger unverhohlen zu unterstützen, um sich die Unterstützung der Vereinigten Staaten im Anti-Terror-Kampf zu sichern, zu einem Erstarken des Dschihadismus geführt. Salehs Ausscheiden im Februar 2012 konnte die Lage der radikalen Islamisten in den Gebieten, in denen der Zentralstaat schwach ist, nicht wesentlich verändern. Aber der Ort, der die Dschihadisten am meisten anzieht und von einer starken Legitimation durch radikalislamische Lehren profitiert, ist zweifellos Syrien. Das Regime Baschar al-Assads ist alawitisch und damit doppelt abtrünnig – nämlich sowohl für die zahlreichen Schiiten, denen der Alawitismus als Irrglaube gilt, als auch für radikale Sunniten, die den Schiismus insgesamt als Häresie betrachten, deren Anhänger den Tod verdient haben. Dass Assad Krieg gegen eine überwiegend sunnitische Gesellschaft führt, ist für die Dschihadisten die willkommene Gelegenheit, im Namen ihrer Version des Islam in einen heiligen Krieg gegen sein Regime zu ziehen. Die Teilnahme an diesem Dschihad wird zur „heiligen Pflicht" (*fard al ayn*) eines jeden Muslims erklärt. Von fast überall – Europa, Mittlerer Osten, Nordafrika, Vereinigte Staaten, Pakistan – kommen junge Männer, um gegen das gottlose Regime der Alawiten Krieg zu führen (ihre Zahl wird auf ungefähr 10 000 geschätzt, von denen jeweils ein paar Hundert aus jedem europäischen Land und etwa Tausend aus Tunesien kommen; vgl. Bakker, Paulussen & Entenmann 2013). Die Jugendlichen radikalisieren sich in diesem Fall aus „objektiven" Gründen: Ein muslimisches Land leidet unter dem Joch eines blutrünstigen Regimes, das sich auf eine falsche Religion beruft (den Alawitismus) und dessen Anhänger die Vertreter des einzig wahren Glaubens, die Sunniten, umbringen. In Tunesien hat Ansar al-Scharia mehrere Hunderte junger Männer rekrutieren können, die willens sind, für die heilige Sache des Islam in den Tod zu gehen und gegen den *taghut* zu kämpfen, jene weltweite Idolatrie, die von denjenigen Regimen verkörpert wird, die mit dem Westen im Bunde sind. In Syrien sind Westen und Osten vereint im dschihadistischen Kampf: Nicht nur aus den muslimischen, sondern aus praktisch allen westeuropäischen Ländern hat es Aspiranten – geborene Muslime oder Konvertiten – auf die Bühne des syrischen Krieges gezogen. Die glühende Begeisterung für den Dschihad zeugt von einer Einstellung, die ganz auf Verteidigung der „muslimischen Gemeinschaft" jenseits aller nationalen Grenzen gerichtet ist.

Letztlich stehen die arabischen Revolutionen am Ursprung der Erneuerung des Dschihadismus. In Syrien, im Jemen oder in Libyen haben die Dschihadisten sich in dem Vakuum ausbreiten können, das durch eine Schwächung des Staates entstanden ist, die ihrerseits mitunter von der westlichen Intervention hervorgerufen wurde, wie in Libyen, wo der Militäreinsatz der Nato eine unleugbare Rolle beim Sturz des autokratischen Gaddafi-Regimes gespielt hat). Dass sie in Tunesien, entlang der algerischen Grenze und in den Armenvierteln von Tunis, im Zentrum des Landes wie im unterentwickelten Süden, aber auch in der Sinai-Wüste in Ägypten Fuß fassen konnten, wurde durch die entgegenkommende Haltung der tunesischen Ennahdha und der ägyptischen Muslimbrüder (bis zum Juni 2013) gegenüber salafistischen Dschihadisten begünstigt, die man davon überzeugen wollte, sich den gesetzestreuen islamischen Kräften anzuschließen. Haben sie in solchen Regionen einmal Fuß gefasst, versuchen dschihadistische Gruppen, an den Rändern der dortigen Gesellschaften Teile der Bevölkerung zu radikalisieren, bei denen es sich häufig um Ausgestoßene handelt. Ein Teil dieser „Benachteiligten", *mustadafun*, namentlich aus Tunesien und Ägypten, taucht dann in Syrien und später auch in Europa auf, um einen neuen Typ von Terrorismus zu befördern.

Islamistische Radikalisierung in der muslimischen Welt

Im Großen und Ganzen war die Radikalisierung in der muslimischen Welt eine Konsequenz der massiven Demütigung von Arabern und Muslimen sowie des Fortbestands der Autokratien. Der Sechstagekrieg von 1967 und der Sieg Israels über die arabischen Staaten, das Gefühl, die westliche Welt stehe der arabischen Welt feindlich gegenüber, das Fortbestehen korrupter und autoritärer arabischer Regierungen, die alle Hoffnung der gebildeteren, vom Schauspiel der Repression weniger eingeschüchterten Generationen auf eine wirkliche Bürgergesellschaft (politischer Pluralismus, meritokratischeres Wirtschaftsleben) zunichte machten – all das hat die Radikalisierung in der jüngeren Generation begünstigt. Hinzu kam in den 1980er Jahren das Verschwinden des von den arabischen Nationalisten errichteten Wohlfahrtsstaats, der die Beschäftigung der jüngeren Generationen im Austausch dafür sicherte, dass sie den Autoritarismus hinnahmen. Die *Infitah*, die Phase der Liberalisierung, war vom sukzessiven Verschwinden wirtschaftlicher und sozialer Leistungen seitens der Regierung begleitet. Und schließlich hat Saudi-Arabien, die größte Ölmacht der Region, immer mehr seine wahhabitische, puritanische und rigoristische Version des Islam durchgesetzt, die mit dem islamistischen Radikalismus in Sachen Intoleranz mehr als eine Gemeinsamkeit hat.

Der radikale Islamismus im Nahen und Mittleren Osten ist ein Phänomen, das eng mit der Verzweiflung der jüngeren Generationen verknüpft ist, die besser ausgebildet sind als ihre Vorfahren, aber dazu verurteilt, in der schizoiden Welt derer zu leben, die ihrer wirtschaftlichen Situation nach der

Unterschicht (Arbeitslosigkeit, *hittisme*,[12] *trabendisme*[13]), ihrer Kultur und Bildung nach der Mittelschicht angehören. Diese jüngeren Generationen haben den Niedergang des arabischen Nationalismus vom Sechstagekrieg 1967 bis in das erste Jahrzehnt des 21. Jahrhunderts miterlebt.

Der radikale Islam hat eine neue Ära in der Geschichte der Radikalisierung eingeläutet. Verglichen mit den terroristischen Bewegungen, die ihm vorangegangen sind (russische Anarchisten im 19. Jahrhundert, Rote Brigaden, Action directe, Rote Armee Fraktion in den 1970er und 1980er Jahren in Europa), haben wir es mit einem sehr viel massiveren Phänomen zu tun: Die Dschihadisten opfern sich rascher und in größerer Zahl. Auch seine geographische Reichweite ist ungleich größer: Abgesehen vom lateinamerikanischen Kontinent, der relativ verschont geblieben ist, gibt es fast überall Fälle von autochthonem oder importiertem Dschihadismus. Und schließlich hält er schon sehr viel länger an: Seit den 1970er Jahren, manchen zufolge sogar seit 1928, als die Muslimbruderschaft ins Leben gerufen wurde, hat der radikale Islamismus sich weiterentwickelt, und Anzeichen für eine rückläufige Tendenz sind nicht zu erkennen. Im Übrigen ist die „blinde", „wahllose" Gewalt des dschihadistischen Terrors von anderer Art als die der vorhergehenden Bewegungen, die sich gegen ganz bestimmte Personengruppen richteten (hohe Beamte, Unternehmer, Armeeangehörige). Und schließlich ist ein hervorstechender Zug des Dschihadismus seine Wandlungsfähigkeit, das Vermögen, sich an extreme Situationen anzupassen und seine Gestalt zu verändern. Al-Qaida und die dschihadistischen Bewegungen

---

[12] Algerischer Neologismus für das Verhalten von Arbeitslosen, die Stunden um Stunden untätig an der Wand lehnen und Gruppen bilden, um so einen Teil der Nacht zu verbringen.

[13] Der Ausdruck bezeichnet Schwarzhandel und illegale Geschäfte in Algerien, er trifft aber auch exakt die Situation in den französischen Vorstädten.

verkörpern als Erste einen wahrhaft globalen und transnationalen Terrorismus, der sich über einen langen Zeitraum hält, sich angesichts seiner nationalen und internationalen Verfolgung durch die betroffenen Ländern stetig wandelt, seinen Kampf in den verschiedensten Gestalten fortsetzt und je nach Lage andere Formen annimmt und neue hervorbringt.

Innerhalb des Islamismus lassen sich drei Typen radikalisierter Täter unterscheiden:

- Täter aus vorwiegend muslimischen Ländern (Naher und Mittlerer Osten, Pakistan, Indonesien), deren Protest sich ausgeweitet hat: vom Aufbegehren gegen das herrschende politische System bis zur Absicht, eine transnationale islamische Herrschaft (das Neokalifat) zu errichten;
- Täter aus Ländern, in denen sich in den letzten fünfzig Jahren muslimische Minderheiten angesiedelt haben (Westeuropa, Vereinigte Staaten, Kanada, Australien). Sie haben sich dem bewaffneten Kampf gegen Islamophobie, gegen Angriffe dieser Staaten (Vereinigte Staaten, Großbritannien, Frankreich ...) auf muslimische Länder verschrieben und sind vom Willen durchdrungen, die Herrschaft des Islam (das ersehnte Neokalifat) über die ganze Welt unter Einschluss des Westens zu bringen;
- Täter aus Ländern, in denen Muslime einen nationalen Kampf gegen Kräfte führen, die sie als Besatzungsmächte oder -armeen betrachten. Die Unterdrückung der Palästinenser durch die israelische Armee, der Konflikt um Jerusalem und die Kolonisierung, die westliche Unterstützung Israels, der Kampf gegen Indien, das einen Teil von Kaschmir besetzt hält, während die Muslime dessen Unabhängigkeit oder den Anschluss an Pakistan fordern, und schließlich die russische Unterdrückung der Tschetschenen – all das sind Schauplätze eines nationalistischen Kampfes im Namen des Islam,

der dem Widerstand gegen die Besatzungsmacht sakrale Bedeutung verleiht.

Anders als in der muslimischen Welt sind es in Europa vor allem junge Männer aus den unteren sozialen Schichten, die den harten Kern des Dschihadismus bilden. Auch wenn ein paar Angehörige der Mittelschicht, gleichsam indem sie jene nachahmen, der dschihadistischen Vision anhängen mögen – die überwältigende Mehrheit der Radikalisierten rekrutiert sich aus den sogenannten „Problemvierteln" oder den Jugendlichen der Unterschicht, häufig mit Migrationshintergrund (Migranten der zweiten oder dritten Generation aus muslimischen Ländern, die „Pakis" in Großbritannien und in Frankreich die sogenannten „Arabes", das heißt Jugendliche nordafrikanischer Herkunft, die in Frankreich geboren sind). Mitunter handelt es sich auch um Konvertiten.

Die Radikalisierung in diesen beiden Welten gehorcht nicht derselben Logik. Sie tut es umso weniger, als in den meisten der muslimischen Länder eine Mischung aus Autoritarismus und Korruption herrscht, während in Europa das demokratische politische System der ungehemmten Selbstbereicherung der Herrschenden und ihren verheerenden Auswirkungen auf das Selbstwertgefühl der Bürger Grenzen setzt.

Die Logik der Entgrenzung infolge der wirtschaftlichen Globalisierung und die steigende weltweite Migration (ungefähr 214 Millionen Menschen jährlich, fast 3% der Weltbevölkerung[14]) führen dazu, dass eine kleine Zahl radikalisierter Individuen über das Mittelmeer nach Europa kommt, trotz der vereinten Anstrengungen europäischer Staaten, sie abzufangen. Auf ideologischer Ebene gibt es gleichfalls keine Barriere. Dank der neuen Kommunikationstechnologien (Internet, Satellitenfernsehen) sind Staatsgrenzen für

[14] Vgl. Internationale Organisation für Migration, World Migration Report 2010 [online].

radikales Gedankengut kein Hindernis. Aber ungeachtet dieser Durchlässigkeit der Grenzen und der daraus folgenden Ansteckungseffekte unterscheidet sich die Struktur der Radikalisierung, namentlich der Mittelschichten, in Europa und den muslimischen Ländern in ganz entscheidenden Hinsichten: In Europa sind Angehörige der Mittelschichten, die sich radikalisieren, eine kleine Minderheit verglichen mit der großen Mehrheit, die aus Jugendlichen besteht, die in prekären Verhältnissen leben oder ausgeschlossen werden. In der muslimischen Welt dagegen machen die jüngeren Generationen innerhalb der Mittelschichten die Mehrheit der sich Radikalisierenden aus.

Schiitische und sunnitische Radikalisierung: Unterschiede und Gemeinsamkeiten

Der Schiismus ist eine Minderheit innerhalb des Islam: etwa zehn Prozent Schiiten stehen neunzig Prozent Sunniten gegenüber. Die Schiiten wurden in der muslimischen Welt lange von den Sunniten unterdrückt, und ihre Radikalisierung trägt die Spuren dieser Geschichte. Iran und Irak sind die beiden einzigen Länder in der muslimischen Welt, in denen die Schiiten in der Mehrheit sind. Die schiitische Radikalisierung im Iran in den 1970er Jahren hat 1979 zur Islamischen Revolution geführt. Seither hat das schiitische Modell der Radikalisierung eine tiefgreifende Wandlung erfahren: Es geht vom theokratischen Staat selber aus, während sich in der sunnitischen Welt, in Abwesenheit eines revolutionären islamistischen Staates, die Radikalisierung gegen die herrschenden Mächte vollzogen hat. Der lange Krieg zwischen Iran und Irak (1980-1988) hat im Iran zur Entstehung eines Radikalisierungstyps mit stark „doloristischer“ Dimension geführt, in dem der Begriff des Märtyrers im Mittelpunkt steht. Insbesondere beruft man sich auf den dritten schiitischen Imam, Hussein, der 680 durch den Kalifen Yazid I. getötet wurde und dessen Märtyrertod jedes Jahr in den stark dramatisierten zweitägigen Ritualen von Tasua und Ashura gefeiert wird. Die schiitische Radikalisierung richtet sich weniger gegen die Sunniten als vielmehr gegen den imperialistischen Westen und seine Unterstützer in der Region wie Saudi-Arabien, der Irak Saddam Husseins, das Ägypten Mubaraks. Auf sunnitischer Seite ist dagegen ein Antischiismus zu beobachten, der sich in Massakern entlädt, die an Schiiten in Pakistan, in Afghanistan und in zahleichen muslimischen Ländern verübt werden, wo sie in der Minderheit sind. Damit gewinnt die dschihadistische Radikalisierung eine sektiererische Dimension im genauen Wortsinn, da die Schiiten als unechte Muslime betrachtet werden, die insgeheim mit den Mächten des Bösen paktieren, um den Islam von innen zu untergraben. Der radikalisierte Schiite beruft sich auf das Martyrium Husseins, um seinen Kampf zu legitimieren. Der Tod wird damit ein so fundamentaler Bestandteil seiner Religiosität, dass bei den am stärksten radikalisierten Schiiten das „Todesverlangen" an die Stelle des Lebenswillens zu treten scheint. Bei den Sunniten dagegen ist die Radikalisierung in ihrer symbolischen Dimension vor allem geprägt von dem Wunsch, dem Feind „den Tod zu bringen". Der Tod des radikalisierten Individuums selber ist hier nur die unvermeidliche Konsequenz eines ungünstigen Kräfteverhältnisses. In diesem Typus des Märtyrertodes steckt keinerlei „Dolorismus".

Nach dem ersten Jahr der Islamischen Revolution wird die schiitische Radikalisierung durch den theokratischen Staat unter der Ägide des charismatischen Ayatollah Khomeini im Wesentlichen innerhalb der Bassidschi orchestriert, einer Organisation von Freiwilligen, bereit, sich im Dienste der Islamischen Revolution im Iran zu opfern. Die durch den schiitischen theokratischen Staat im Iran gelenkte Radikalisierung wird begleitet von der Kontrolle aller Formen der Radikalisierung und von der Unterdrückung jeder Ausdrucksform, die der staatlichen Herrschaft entgehen könnte. Die Bassidschi, eine Organisation von Jugendlichen unter der Schirmherrschaft der Armee der Pasdaran im Iran, sind die offizielle Verkörperung dieser Radikalisierung. Ihre Mitglieder werden von der Armee betreut und darin trainiert, den Tod über andere zu bringen oder ihn zu erdulden.

Die libanesische Hisbollah, unter Leitung der iranischen Armee der Pasdaran ins Leben gerufen, zeichnet sich ihrerseits durch straffe Organisation aus. Die Radikalisierung vollzieht sich hier in der Opposition gegen andere politische Gruppierungen des Libanon, aber auch gegen die israelische Armee und, seit Ausbruch des Bürgerkriegs in Syrien, gegen diejenigen, die gegen das Regime Baschar al-Assads opponieren. Die Radikalisierung folgt hier einem ethnischen Schema: Schiit/Sunnit, armer Schiit/reicher Sunnit und Maronit, libanesischer Schiit/israelischer Jude. Die Mobilisierung erfolgt auch über die Finanzierung. Der Iran finanziert den „schiitischen Radikalismus", insbesondere durch ein Netzwerk gegenseitiger Unterstützung im Notfall (Hilfe für die Opfer der israelischen Offensive im Juli 2006 …). Wenn die schiitische Radikalisierung im Iran sich insgesamt unter Aufsicht der Armee der Pasdaran mit ihrem Ableger, den Bassidschi, und im Libanon durch die Hisbollah vollzieht, so ist es im Irak vor allem Muqtada al-Sadr, Anführer der Mahdi-Armee, einer schiitischen Miliz, der diese Ideologisierung übernimmt und über die Radikalisierung wacht. Die Hochburg dieses schiitischen Geistlichen ist Sadr City, ein weitläufiger Außenbezirk im Nordosten der Hauptstadt Bagdad. Dort haben die irakischen Schiiten 1991 vor ihrer Verfolgung durch Saddam Hussein Zuflucht gesucht.

Die Parteigänger Muqtada al-Sadrs verstehen sich auch als Verteidiger der „Benachteiligten" (*mustadafun*), was ihrer

Radikalisierung eine soziale Dimension verleiht, die sich zum Teil auch in ihren politisch-religiösen Forderungen ausdrückt.

Im Unterschied zu den Schiiten haben die radikalisierten Sunniten keinen Staat, auf den sie sich stützen könnten.[15] Der Prozess der Radikalisierung vollzieht sich bei ihnen von unten und gründet sich auf Stammesstrukturen (im Jemen, in Pakistan in der Provinz Waziristan, in Libyen, wo die Kriegsherren ihre Fähigkeit, Milizen zu mobilisieren, mit ihren privaten Interessen verbinden).

Die sunnitische Radikalisierung ist seit dem Beginn des 21. Jahrhunderts wesentlich geprägt von der Bildung des al-Qaida-Netzwerks, die sich auf das Charisma ihres Anführers Bin Laden und die Ergebenheit seiner Mitglieder stützt. Obwohl die amerikanische Armee nach den Anschlägen vom 11. September bemüht war, die Organisation zu zerschlagen, und es ihr gelungen ist, einen Teil der Führungsmitglieder auszulöschen, hat die Gruppe es verstanden, sich an die neue Situation durch eine Strategie der Dezentralisierung und der Bildung von autonomen Splittergruppen anzupassen. Mit al-Qaida sind diese durch die geteilte Ideologie und eine aufs Nötigste beschränkte Kommunikation verbunden. Was sie vereint, ist der erbarmungslose Kampf gegen den Westen, insbesondere gegen die Vereinigten Staaten, und die Opferbereitschaft ihrer Mitglieder, die in Selbstmordattentaten zu sterben bereit sind. Der Bürgerkrieg in Syrien und die Situation im Irak, wo eine schiitische Regierung versucht, die Sunniten an den Rand zu drängen, haben dschihadistische Gruppen auf den Plan gerufen, die ihre Treue gegenüber

[15] Vor dem Sturz der Taliban-Regierung durch die Amerikaner 2001/02 genossen al-Qaida und andere sunnitische Dschihadistengruppen in Afghanistan die Gastfreundschaft der Machthaber. Seither beherbergt offiziell kein Staat mehr dschihadistische Sunniten.

al-Qaida bekunden, aber auch konkurrierende Gruppen, deren gewichtigster, Daesh oder „Islamischer Staat" (IS), es gelungen ist, zwischen Syrien und dem Irak einen neuen Staat zu schaffen und bedeutende Teile der Staatsgebiete dieser beiden Länder einzunehmen. Der IS ist in Konflikt mit der al-Nusra-Front (Dschabhat al-Nusra), einer weniger rigoristischen Dschihadistengruppe, geraten. Während Ayman al-Zawahiri, Chef von al-Qaida, sich für eine Aufteilung der Front auf den Irak und Syrien aussprach, wollte der IS sie unter einem Kommando vereinen und seine Gebietsansprüche nicht auf Syrien beschränken. Festzuhalten ist, dass der Bürgerkrieg in Syrien, die Verschlechterung der Lage im Irak und das Entstehen neuer Dschihadistengruppen in Schwarzafrika zu einem Wiedererstarken von al-Qaida geführt haben, deren Führungskräfte zum Teil in pakistanischen Stammesgebieten Unterschlupf fanden.

Radikalisierte Frauen – eine extreme Minderheit

Ist Radikalisierung global betrachtet ein ausgesprochenes Minderheitenphänomen, so gilt dies bis zum heutigen Tag mehr noch für die Radikalisierung von Frauen. Radikalisierte Frauen finden sich bei den Tschetschenen (die „schwarzen Witwen"), bei den Tamilischen Tigern (ein Drittel der Selbstmordattentate, die von dieser marxistischen Separatistenorganisation verübt wurden, sind von Frauen ausgeführt worden, vgl. Pavey 2006), bei den libanesischen und palästinensischen Aktivisten (Andreé-Dessornes 2013), aber auch in einigen Fällen des al-Qaida nahestehenden Dschihadismus. Die *chahida* (Märtyrerfrauen) sind freilich nicht zwangsläufig Dschihadistinnen. Zwischen 1982 und 1986 gab es Robert Pape zufolge im Libanon 41 Anschläge auf amerikanische Streitkräfte, von denen 8 auf das Konto radikaler Islamisten gingen.

33 wurden dagegen von Kommunisten und Sozialisten, 6 davon wiederum von Frauen verübt.

Glaubt man dem Chicago Project on Security and Terrorism (CPOST), so gab es zwischen 1981 und 2011 weltweit etwa 2300 Selbstmordanschläge, von denen 125, also weniger als fünf Prozent, von Frauen ausgeführt wurden.

Die ersten Kamikaze-Frauen waren Nationalistinnen: Sana'a Mehaidli, die erste bekannte Kamikaze, war seit einem Jahr Mitglied der säkularen Syrischen Sozial-Nationalistischen Partei. Am 9. April 1985 sprengte sie sich in die Luft und tötete zwei Israelis, um gegen die Besetzung des Südlibanons durch den hebräischen Staat zu protestieren. Im Juni 2000 lenkten zwei Frauen einen mit Sprengstoff beladenen Laster in eine Militärbasis in Grosny und töteten mindestens 27 russische Soldaten.

Am 12. April 2002 sprengte sich auf dem Mahane-Yehuda-Markt in Jerusalem eine Selbstmordattentäterin in die Luft; sie gehörte den Al-Aqsa-Märtyrer-Brigaden an, einer säkularen und nationalistischen militanten Gruppe. Sechs Personen wurden getötet, neunzig weitere verletzt. Später bekannte sich die Gruppe zu drei weiteren von Frauen begangenen Selbstmordanschlägen und rief die weibliche Kampffront „Wafa Idriss" ins Leben, benannt nach der ersten palästinensischen Kamikaze, die ihre Attentate lange vor denen beging, die von den Parteien Hamas und Palästinensischer Islamischer Dschihad organisiert wurden. Am 4. Oktober 2003 verübte Hanadi Jaradat, eine junge Palästinenserin von 26 Jahren, für den Islamischen Dschihad einen Selbstmordanschlag auf das Restaurant Maxim in Haifa mit 21 Toten und 51 Verletzten.

Am 9. November 2005 griffen Kamikaze drei Hotels an. Unter ihnen eine Frau, Sadschida al-Rischawi, Schwester der ehemaligen rechten Hand des von den Amerikanern in Falludschah getöteten Abu Musab al-Sarkawi. Ihr gelang es nicht, ihren Sprengstoffgürtel zu zünden, anders als ihrem

Mann, der ebenfalls Teil des Himmelfahrtskommandos war. Bei dem Anschlag werden 57 Personen getötet, 300 werden verletzt.[16]

Im türkischen Kurdistan kämpften Kamikaze-Frauen aus der kurdischen Arbeiterpartei in den 1980er Jahren gegen die türkische Armee.

Unter den Kamikaze sind zuweilen auch Konvertiten aus dem Westen. So die 1967 in Charleroi geborene Belgierin Muriel Degauque, die sich im Irakischen Babouka am 9. November 2005 in die Luft sprengte und den Tod von fünf Polizisten und vier Zivilisten verursachte. Mit 35 war Muriel konvertiert und zu Myriam geworden. Durch Vermittlung eines Mitglieds der Al-Hidaya-Moschee in Brüssel hatte sie einen Belgier mit marokkanischer Mutter kennengelernt, einen radikalen Salafisten, den sie heiratet, an dessen Seite sie sich radikalisiert und den Lehren des Scheikh Abu Chayma folgt. 2005 reist das Paar in den Irak. Der Mann wird ein paar Tage nach dem Selbstmordattentat seiner Frau während einer anderen Kamikaze-Aktion von der amerikanischen Armee getötet. Muriel und ihr Mann gehören einem „Kamikaze-Netzwerk" an, dessen Gründer, der Belgotunesier Bilal Soughir, und zwei belgomarokkanische Mitglieder, zu Haftstrafen verurteilt werden.

Die Amerikanerin Colleen LaRose, bekannt unter dem Namen „Jihad Jane", soll 2009 eine Terroraktion materiell unterstützt haben, die die Ermordung von Lars Vilk zum Ziel hatte, des schwedischen Autors jener Karikatur, die den Propheten Mohammed mit dem Körper eines Hundes zeigte. Eine andere Amerikanerin, Jamie Paulin Ramirez, wurde verdächtigt, die Komplizin eines Algeriers zu

[16] Taillefer, Guy: „Portrait-robot de la femme kamikaze. Qui est-elle et pourqoui le fait-elle?", *Le Devoir*, 25. November 2005 [online], http://www.ledevoir.com/societe/actualites-en-societe/96139/portrait-robot-de-la-femme-kamikaze.

sein, der seinerseits der Hauptverdächtige des Komplotts gegen Lars Vilk war. 2009 zum Islam konvertiert, hatte sie einen im Internet kennengelernten Muslim geheiratet und sich nach Irland aufgemacht, begleitet von ihrem auf den Namen Wahid umgetauften Sohn aus erster Ehe. Die Britin Samantha Louise Lewthwaite schließlich, genannt „die weiße Witwe“, deren Mann sich beim Anschlag auf die Pariser Metro in die Luft gesprengt hatte, gehört zur somalischen Dschihadistengruppe Al-Schabaab und soll an terroristischen Aktivitäten teilgenommen haben.

Das Engagement der Frauen entspringt meist dem Willen, sich für den Tod des Mannes, des Bruders, des Vaters oder eines nahen Verwandten zu rächen. Die Frauen bekommen die Folgen des Krieges, der Inhaftierung ihrer Ehemänner, des quasi permanenten Belagerungszustands (zum Beispiel im Gazastreifen oder in Kaschmir) als Erste zu spüren, sie leiden unter den Demütigungen, die ihre Männer ihnen dafür zufügen, selbst zum Opfer der Besatzungsarmee oder der Ordnungskräfte geworden zu sein.

Die Organisationen haben ihrerseits ein strategisches Interesse an Frauen, sofern diese weniger im Verdacht stehen, potenzielle Kamikaze zu sein, und es den Männern in zahlreichen muslimischen Ländern untersagt ist, sie zu durchsuchen. Und schließlich findet man bei ihnen zuweilen den Wunsch zu beweisen, dass sie für die heilige Sache zu sterben wissen, um von den Männern als gleichrangig anerkannt zu werden. Wenn die Frauen es den Männern durch Heroismus im Angesicht des Todes gleichtun, ist es schwieriger, ihnen Gleichheit im Leben abzusprechen. Das verleiht dem Märtyrertod der Frau eine antipatriarchale, ja feministische Dimension. Darum greifen die radikalen islamistischen Gruppen für ihre Terrorakte auch nur in Ausnahmefällen auf Frauen zurück. Sie fürchten, danach auf eine Reihe von Privilegien verzichten zu müssen, die ihre Lesart des Korans und die prophetische Tradition ihnen als Männern einräumen. Um die Verwicklung von Frauen in Selbstmordattentate zu erklären, hat man auch auf ihre verzweifelte Lage hingewiesen, sei es, dass der Feind (amerikanisch im irakischen Fall, israelisch im palästinensischen, russisch im tschetschenischen etc.), indem er den Ehemann oder Familienmitglieder tötete, die Frau einer solchen Einsamkeit ausliefert, dass sie nicht mehr in der Lage ist, in ein normales Leben zurückzufinden (eine Wiederverheiratung ist sehr unwahrscheinlich, ja unmöglich), sei es, dass die Frau selbst biologische oder psychologische Probleme hat (Wafa Idriss, die erste palästinensische Kamikaze-Frau, war unfruchtbar, und die Familie ihres Mannes hatte auf Scheidung gedrängt; Muriel Degauque hatte aufgrund eines genetischen Defekts keinen Uterus). Aber dieser Befund lässt sich nicht auf alle Frauen ausdehnen. Die Idee, sie seien gezwungen worden, Kamikaze zu werden, hält ebenfalls in den meisten Fällen einer genaueren Prüfung nicht stand. Es gibt einen weiblichen Aktivismus, wie es einen männlichen gibt, und der dschihadistische Täter kann durchaus eine Frau sein, ohne dass es notwendig wäre, ihr zwingendere Normen aufzuerlegen als den Männern.

Im Westen hatte sich die Radikalisierung von Frauen in den Bewegungen der extremen Linken durch aktive Teilnahme an den Attentaten und ihrer Organisation vollziehen können. Das war der Fall bei der Baader-Meinhof-Gruppe (Rote Armee Fraktion), in der Ulrike Meinhof eine Hauptrolle spielte, ebenso wie Brigitte Asdonk, Monika Berberich, Irene Goergens, Petra Schelm, Ingrid Schubert, Rosemarie Keser, Brigitte Mohnhaupt, Susanne Albrecht, Christine Dümlein, Monika Helbing, Birgit Hogefeld ... Es handelt sich um eine der ersten radikalen Bewegungen, in denen Frauen in der Planung wie in der Ausführung der Anschläge eine gleichberechtigte Rolle spielten.

Wenn die Radikalisierung von Frauen in der muslimischen Welt zum Teil einer anderen Logik gehorcht als die von Männern (Bedeutung des durch den Tod des Ehemanns oder eines nahen Verwandten erlittenen Unrechts), so ist diese Asymmetrie in Europa und insbesondere in der Roten Armee Fraktion weniger ausgeprägt. Auf anderen Ebenen scheinen männliche und weibliche Radikalisierung derselben Logik zu folgen: ein Gefühl der Demütigung, tiefes Ressentiment, gesteigerte Handlungsfähigkeit durch Zugehörigkeit zu einer Organisation, und schließlich der Wille, den Demütiger zu demütigen und dadurch Märtyrerstatus zu erlangen, der im besonderen Fall des radikalen Islamismus mit einem Ehrenplatz im Paradies, in anderen Fällen mit einer Heldenaura und einem Platz im kollektiven Gedächtnis belohnt wird.

Die dschihadistische Intelligenz und ihre Globalisierung

Radikalisierung setzt, wie wir oben gesagt haben, eine Verknüpfung von radikaler Ideologie und Gewalthandeln voraus, die extreme Formen der Gewalt zeitigt. Theorien, wie sie von der Frankfurter Schule (etwa Herbert Marcuses Kritik des eindimensionalen Menschen), der situationistischen Internationale (Guy Debord zufolge soll die Überwindung der Kunst durch eine Revolution des Alltagslebens die Welt verändern) oder von der durch Cornelius Castoriadis und Claude Lefort gegründeten Gruppe Sozialismus oder Barbarei ausgearbeitet wurden, haben jene Linke der 1970er Jahre beeinflusst und angetrieben, aus der auch der Terrorismus der Action directe hervorgegangen ist. Bestimmte Intellektuelle (Jean-Marc Rouillan, Nathalie Ménigon, André Olivier, Régis Schleicher ...) haben sich auch aktiv in der Gruppe engagiert, um Theorie und Praxis zu verbinden und ihrem Gewalthandeln *in situ* einen ideologischen Sinn zu geben. Diese Zweiteilung der Intellektuellen in jene, die Einfluss ausgeübt haben, und jene, die unmittelbar beteiligt waren, findet sich zur selben Zeit in Italien bei den Roten Brigaden (einerseits Intellektuelle, die sich auf linke Strömungen beriefen, wie Antonio Negri, Mario Tronti, Romano Alquali, Oreste Scalzone, andererseits in der Gruppe selber Alberto Franceschini, Renato Curcio, Enrico Fenzi etc.). Und sie findet sich in Deutschland wo es neben der internationalen linken Intelligenz als ideologischem Hintergrund der Roten Armee Fraktion ebenfalls intellektuelle Aktivisten gab, die an einer neuen Theorie der revolutionären Aktion arbeiteten, während sie sich zugleich an der extremistischen Bewegung und der revolutionären Aktion beteiligten (das gilt namentlich von den Autoren des im Juni 1970 veröffentlichten Textes „Die Rote Armee aufbauen").

Der Befund einer zweigeteilten Intelligenz lässt sich auch auf die Dschihadisten ausdehnen. Im Hintergrund findet man einen Dschihadismus, der mindestens auf Sayyid Qutb zurückgeht, einen der ersten Verfechter des permanenten Dschihads bis zur Durchsetzung des Islam als einer die politisch-religiöse Legitimität verkörpernden Weltreligion (er wurde 1966 durch das Nasser-Regime in Ägypten hingerichtet), oder den Pakistani Mawdudi, Theoretiker der *hakimiyyah* (islamische Herrschaft). An diese Vision eines islamischen Staates knüpften revolutionäre schiitische Denker (Shariati predigt in den 1970er Jahren einen roten Schiismus, der die Utopie einer klassenlosen Gesellschaft mit der einer Gesellschaft verknüpft, die sich einzig Gott unterstellt) und Bewegungen an, die sich von den Muslimbrüdern abgespalten hatten. Die Bewegung Takfir wal Hijra (Ausschluss und Exil), 1971 in Ägypten von dem Ingenieur Mustafa Shukri gegründet, unterstreicht die Notwendigkeit des Kampfes nicht allein gegen die Nichtmuslime, sondern auch gegen Muslime, die sich dem Dschihad gegen die Kräfte des Bösen nicht anschließen wollen. Die Gruppe Tanzim al-Dschihad, 1979 gegründet von Muhammad Abd al-Salam Faradsch, einem ägyptischer Ingenieur und Autor der Schrift *Dschihad. Die vernachlässigte Pflicht*, redete der Rückkehr zu einem heiligen Krieg gegen die antiislamischen Kräfte (die neuen Kreuzritter und die Zionisten) das Wort. Der Mörder des ägyptischen Präsidenten Sadat gehörte der Gruppe an.

Die Islamische Revolution im Iran 1979 führt zur Gründung eines theokratischen Staates nach den Vorstellungen des Ayatollah Khomeini, die auf dem Prinzip der Herrschaft des islamischen Rechtsgelehrten, der *Velayat-e faqih*, beruhen. Von dort bis zum Kampf für die Utopie einer Herrschaft, die ganz auf dem Islam beruht, ist es nur noch ein Schritt.

Der Erfolg der Islamischen Revolution im Iran hat die Radikalisierung ebenso vorangetrieben, wie zwanzig Jahre später die Attentate vom 11. September 2001 die radikalen Islamisten frohlocken ließen. Dieser Erfolg lässt die Radikalisierten noch radikaler in ihren Forderungen werden und stützt die Überzeugung, mit Gottes Beistand sei die Überwindung des „Kreuzritterfeindes" möglich. Die islamistische Utopie einer islamischen Weltherrschaft (das Neokalifat) nährt sich von jedem Teilsieg als einem Schritt zur Verwirklichung ihrer Ziele.

So uneinheitlich sie auch ist, hat doch ein großer Teil der iranischen Intelligenz, ob laizistisch oder religiös, 1979 zur Islamischen Revolution im Iran beigetragen: Ali Schariati, der Ayatollah Taleghani, Mehdi Bazargan, der Ayatollah Khomeini und seine klerikalen Schüler, aber auch bestimmte säkularisierte Intellektuelle marxistischer Provenienz, wie Dschalal Al-e Ahmad, der glaubte, eine unterentwickelte Gesellschaft wie der Iran müsse sich auf einen „revolutionären" Schiismus stützen, um gegen den Imperalismus und die autokratische Herrschaft des Schahs zu kämpfen. In seinen Vorlesungen sehnt er diesen Schiismus herbei, der den Traum von Marx und von Mahdi (dem 12. verborgenen Imam, dem schiitischen Messias) durch die Mobilisierung der Massen erfüllen würde. Was die laizistischen Revolutionen nicht hatten verwirklichen können, sollte die Revolution im Namen des Islam endlich vollenden. Die großen Intellektuellen wurden abgelöst von den „kleinen Intellektuellen", die ihre Botschaft weitertrugen und erweiterten. Das galt insbesondere von den Rängen der dem Ayatollah Khomeini ergebenen klerikalen Minderheit und der modernen Jugend, die vom Denken Ali Schariatis zehrte, dessen Vorlesungen sie in der neuen Hosseiniyeh-Ershad-Moschee im Norden Teherans gehört hatte.

Der moderne radikale Islamismus hat mit den revolutionären Tendenzen begonnen, die innerhalb der Muslimbrüderschaft in Ägypten aufkamen (in der qutbistischen, von den Ideen Sayyid Qutb beeinflussten Strömung), um sich dann in den 1970er und 1980er Jahren mit Schariati und dem Ayatollah Khomeini im revolutionären Schiismus zu erneuern. Er hat dann in seiner sunnitischen Version unter der ideologischen Führerschaft von Abdallah Azzam (im November 1989 im pakistanischen Peschawar ermordet) in Afghanistan bis zum Abzug der russischen Truppen 1989 ein neues Betätigungsfeld gefunden. Ein neues mobilisierendes Thema hat diese Bewegung in der Opposition gegen den Westen unter Bin Laden und Ayman al-Zawahiri gefunden, die der dschihadistischen Bewegung als Intellektuelle aus ihren eigenen Reihen dienten, während ein Dutzend radikaler islamistischer „Großintellektueller" an der Legitimation einer extremistischen Version des Islam arbeiteten, zunächst in der arabischen sunnitischen Welt, dann in erweiterter Form auch im Westen. Die wichtigsten dieser Ideologen, Maqdisi, Tartusi, Abu Musab al-Suri, Abu Qatada und einige andere, haben einen maßgeblichen Einfluss auf den Dschihad innerhalb und außerhalb der muslimischen Welt ausgeübt. Ihre Ideen kommen in einigen wesentlichen Punkten überein:

- der erste ist der erbarmungslose Kampf gegen die laizistischen, im Namen der Souveränität des Volkes vom Westen beeinflussten politischen Systeme. Jedes politische Denken, das vom Volk als Souverän ausgeht, ist Idolatrie (*shirk*). Die treibende Kraft jeder legitimen Politik kann allein die Souveränität Allahs sein. Das Volk muss sich dieser Transzendenz unterordnen, deren Verkörperungen der Koran, das Wort Gottes, und die Prophetischen Überlieferungen sind, die *hadithe*, die Aussprüche des Propheten, die in den ersten drei Jahrhunderten des Islam von seinen Gefährten und deren Schülern (den *salaf*) gesammelt wurden. Insbesondere die Demokratie ist eine Zielscheibe des radikalen Islamismus, der in ihr eine gefährliche und letztlich auf Zerstörung des Islam zielende Form des Säkularismus sieht. Die autoritären Regierungen in den muslimischen Gesellschaften sind ihrerseits eine Form der Idolatrie (*taghut*) und treffen sich mit der Demokratie darin, dass sie Allah als letzten Träger aller politischen Legitimität verleugnen. Für den Dschihadismus sind Autokratie wie Demokratie vom Säkularismus und dem gottlosen Bezug auf das Volk als letzter Quelle der Legitimität durchdrungen. Der Heilige Krieg muss mit Entschlossenheit gegen diese häretischen, mit dem Islam unvereinbaren Typen der Herrschaft geführt werden. Praktisch alle oben zitierten Intellektuellen haben ein Buch oder eine Flugschrift veröffentlicht, worin es ihnen darum geht, die Demokratie als Idolatrie zu brandmarken und sie als perverses politisches System anzuprangern. Nebenbei entlehnen sie der extremen Rechten wie der extremen Linken im Westen eine Reihe von Vorstellungen, die sie mit einer islamischen Terminologie verbrämen, zum Beispiel die Behauptung, der wahre Souverän sei ohnehin nicht das Volk, dessen Platz vielmehr längst die Mächte des Geldes, die Kapitalisten, die Zionisten, die Freimaurer etc. eingenommen hätten.

- der zweite Ideenkomplex, der von den dschihadistischen Intellektuellen ausgeschlachtet wird, besteht darin, den westlichen Imperialismus anzuprangern, der die muslimischen Völker in Bosnien, in Afghanistan, im Irak, in Palästina und anderswo unterjocht. Die islamische Terminologie (*istikbar* für Imperialismus, *istidhaf* für die ausgebeuteten Klassen) wird in den Dienst einer Vision gestellt, die sich gegen die westliche Übermacht richtet und dem Antiimperialismus eine theologische Bedeutung verleiht. Diese Perspektive zieht einen Teil der westlichen Jugend an, dem die extreme Linke keine Möglichkeit zur Bekämpfung des Imperialismus mehr zu bieten scheint und der in dieser Vision des Islam seine Ablehnung der amerikanischen Vorherrschaft bestätigt sieht, insbesondere im Hinblick auf die palästinensische Frage;

- der dritte Ideenkomplex feiert ein Neopatriarchat, das der Familie ihre Bedeutung zurückgeben soll, indem es mit ihrer modernen Auflösung bricht, die durch den Feminismus und Forderungen wie die nach Anerkennung der Gleichheit der Geschlechter und Legalisierung der Homosexualität verkörpert wird. Anders als die muslimischen Reformisten predigen der fundamentalistische Islam und vollends der Dschihadismus die „gegenseitige Ergänzung" von Mann und Frau im Namen der Erhaltung der Familie. Der Mann darf bis zu vier Frauen heiraten, die Frau muss sich dem Mann in den durch Gott verfügten Hinsichten unterwerfen (sie erbt nur die Hälfte dessen, was der Mann erbt, ihre Aussage vor Gericht ist gleichfalls nur die Hälfte wert, ihr Recht auf Scheidung ist eingeschränkt etc.). Eine verlockende Vorstellung für Männer, die durch den Feminismus aus der Bahn geworfen wurden und sich die Stabilität der patriarchalen Familie zurückwünschen.

Die dschihadistischen Großintellektuellen finden ein anschwellendes Echo bei den vielen kleinen Hausintellektuellen in Europa, die den radikalen Ablegern des Salafismus angehören, kurzum: bei allen, die Arabisch lernen in der Hoffnung, Zugang zu den heiligen Texten zu finden, und die zur Vulgarisierung eines Gedankenguts beitragen, das auf theologischer Ebene fest in einer spezifischen Lektüre des Korans sowie in der Überlieferung wurzelt. In der Diaspora trifft man westliche Intellektuelle, die sich ideologisch gewandelt haben und zum Sprachrohr des Dschihadismus geworden sind, wie Anwar al-Awlaki, ein 1971 in New Mexico geborener amerikanischer Imam jemenitischer Herkunft. Ein wichtiges Mitglied von „al-Qaida auf der Arabischen Halbinsel", wurde er zum einflussreichsten Ideologen der Organisation; am 30. September wurde er im Jemen von amerikanischen Drohnen getötet. Seine auf Englisch gehaltenen dschihadistischen Predigten, die übers Internet verbreitet werden, haben zahlreiche Anhänger beeinflusst, ja zu mehreren versuchten terroristische Anschlägen in Großbritannien und den Vereinigten Staaten nach 2009 inspiriert (siehe weiter unten). Al-Awlaki hat zudem aktiv an der Online-Zeitung *Inspire* mitgearbeitet, in der man praktische Anleitungen zur Herstellung von Bomben Seite an Seite mit ideologischen Texten findet, die den Heiligen Krieg gegen die Vereinigten Staaten und ihre Verbündeten rechtfertigen. Zahlreiche andere westliche Dschihadisten, namentlich Adam Yahya Gadahn (genannt Yahya der Amerikaner) oder Samir Khan, ein Amerikaner aus New York, der lange einen den Dschihad predigenden Blog geschrieben hat, oder Yahya Ibrahim, ein in Kanada lebender dschihadistischer Prediger, haben Beiträge in dieser Zeitung verfasst.

Die dschihadistische Intelligenz schöpft alle Möglichkeiten aus, die von der Globalisierung und neuen Formen der Kommunikation via Internet eröffnet werden. Wir erleben eine Internationalisierung der Dschihadisten, die nicht allein in der muslimischen Welt, sondern auch bei den Konvertiten und bestimmten wiedergeborenen Muslimen neue Anhänger rekrutieren. Letztere befeuern die Radikalisierung dadurch, dass sie die westliche Kultur kennen und wissen, wie man sich in europäischen oder amerikanischen Milieus bewegt, ohne Verdacht zu erregen, zumindest zu Beginn ihres Engagements. Die Globalisierung führt auch zur Mischung von Kulturen und Nationalitäten. Der Fall von Anwar al-Awlaki ist symptomatisch. Er wurde in den Vereinigten Staaten als Kind jemenitischer Eltern geboren; mit sieben Jahren zieht er in den Jemen, wo sein Vater Präsident der Universität von Sanaa wird. Nach elf Jahren kehrt er zurück, um an der Universität von Colorado zu studieren, während er zugleich

Vorsitzender der Vereinigung muslimischer Studenten wird. Al-Awlaki, der Vertrautheit mit der westlichen Kultur und der englischen Sprache mit seiner Kenntnis des Arabischen und der dschihadistischen Ideologien verbindet (er ist zutiefst beeinflusst von Sayyid Qutb), zieht vor allem junge Männer aus der angloamerikanischen Kultur an, die er besser kennt als die arabischen Dschihadisten. Seine Fähigkeit, das Internet zu nutzen, die ihm auch den Spitznamen „Bin Laden des Internets" einträgt, macht aus ihm den idealen „intellektuellen Vermittler", der die theologischen Vorstellungen der großen Ideologen des Dschihadismus vereinfacht und bei der westlichen Jugend wie ein Verstärker wirkt.

1993 besucht er Afghanistan und wird beeinflusst von den Schriften Abdallah Azzams, die dem Dschihad in Afghanistan eine religiöse Rechtfertigung geben. Wird muslimischer Boden von Nichtmuslimen besetzt, ist der Dschihad heilige Pflicht (*fard al ayn*). Von 1996 bis 2000 arbeitet Awlaki als Imam an der Al-Rabat-al-Islami-Moschee in San Diego, wo 200 bis 300 Sympathisanten seinen Predigten folgen. Einige der Täter des Anschlags vom 11. September kannten und schätzten ihn.

Awlaki zählt zu den Personen, die eine maßgebliche Rolle im Prozess der Radikalisierung von Amerikanern oder Engländern spielen, die in der Folge Morde oder Attentate in den Vereinigten Staaten und in Großbritannien verübten, unter ihnen Nidal Malik Hasan, der für die Morde von Fort Hood in Texas am 5. November 2009 verantwortlich zeichnet. Auch den Nigerianer Umar Farouk Abdulmutallab, Urheber des versuchten Anschlags auf Flug 253 der Northwest Airlines von Amsterdam nach Detroit, soll Awlaki beeinflusst, ja rekrutiert haben.

2002 verlässt Awlaki die Vereinigten Staaten, um einige Monate in Großbritannien zu verbringen. Er hält dort Vorträge vor vielen jungen Leuten und schwört die westlichen Muslime darauf ein, niemals den Abtrünnigen zu vertrauen (*kuffar*, ein

Pejorativ von Dschihadisten für Nichtmuslime), deren Ziel die Auslöschung des Islam sei.[17] Er hält zahlreiche Vorträge in einer Reihe muslimischer Einrichtungen in Großbritannien, wo er die Vorzüge des Märtyrertums und des Dschihad rühmt und die Muslime ermahnt, sich treu zu bleiben. 2004 kehrt Awlaki in den Jemen zurück. Auf Drängen der amerikanischen Autoritäten wegen seiner Verbindungen zu al-Qaida inhaftiert, kommt er im Dezember 2007 nach der Intervention seiner Familie frei. Im März 2009 wird er von der jemenitischen Polizei gesucht und geht in den Untergrund. In einem Video vom März 2010 klagt Awlaki die Vereinigten Staaten an, die Muslime anzugreifen, und ruft amerikanische Muslime dazu auf, sich zu erheben und im Namen des Dschihad, der ihre heilige Pflicht sei, den Kampf gegen sie aufzunehmen. Den westlichen Geheimdiensten zufolge war Awlaki direkt oder indirekt an einem Dutzend terroristischer Akte gegen die Vereinigten Staaten, Großbritannien und Kanada beteiligt. Seine Predigten haben die Täter, die die Attentate in London im Juli 2005 und in Toronto im Juni 2006 verübten, ebenso beeinflusst wie diejenigen, die in den 2007 verübten Anschlag auf Fort Dix in den Vereinigten Staaten verwickelt waren … In all diesen Fällen hatten die in die Anschläge verstrickten Personen im Internet die Nachrichten und Predigten von Awlaki aufgerufen, der nicht allein eine Website, sondern auch eine Facebook-Seite unterhielt, die von zahlreichen „Fans“ in den Vereinigten Staaten besucht wurde, bei denen es sich größtenteils um Gymnasiasten handelte.

Dieser Fall zeigt wie zahlreiche andere einen ganz neuen Typus des „Weltbürgers“, der sich aufgrund seines Multikulturalismus und seiner Mehrstaatlichkeit leichtfüßig zwischen

---

[17] Scott, Shane & Mekhennet, Souad: „Anwar al-Avlaki-From Condemning Terror to Preaching jihad“, *New York Times*, 8. Mai 2010 [online], www.nytimes.com/2010/05/09/world/09awlaki.html.

mehreren Ländern und Kulturen zu bewegen und einen großen Einfluss auf Leute auszuüben vermag, die anders nur schwer zu erreichen wären. Sein Einflussbereich ist durch Nutzung des Internets noch gewachsen, namentlich durch Facebook und die Videos, die einen „medialen Dschihadismus" möglich machen, der ein hervorragendes Mittel zur Radikalisierung von Personen am andern Ende der Welt darstellt. Der persönliche Kontakt ist nicht mehr erforderlich, ganz wie es angesichts der Logik einer Globalisierung, in der die einprägsame und simplifizierte Botschaft von der Unterdrückung durch den Westen stets ein Echo findet, nicht mehr notwendig ist, dasselbe kulturelle Universum zu teilen. Die Fernverbindung mit charismatischen Persönlichkeiten über das Internet und die Schwierigkeit, diese aufzuspüren, die allen modernen Fahndungsmöglichkeiten trotzt, schaffen die Möglichkeit der Selbstradikalisierung.

Das Netz

Das Internet spielt eine Rolle sowohl als Instrument neuer Formen sozialen Handelns wie auch als Medium der Wandlung von Verhaltens-, Sicht- und Handlungsweisen. Ohne das Internet und namentlich Facebook und Twitter hätten die arabischen Revolutionen nicht die Form und Intensität gewonnen, die sie angenommen hatten. Auch das Handy war entscheidend, vor allem in den Tagen, da der Internet-Zugang in Ägypten blockiert war und Google die Übertragung von Informationen aufs Handy erleichterte (im Iran wurde während der Grünen Bewegung die Sperrung des Internets durch die Regierung mit Hilfe des Rückgriffs auf das Handy zum Teil kompensiert).

Aber das Netz ist nicht bloß die „Befreiungstechnologie", als die man es mehr oder weniger naiv bezeichnet hat. Es kann auch dazu dienen, das Gewaltpotenzial von radikalen Personen oder Gruppen zu steigern und zu verbreiten, indem es Formen der Kommunikation ermöglicht, die ohne festgefügte Strukturen und persönliche Begegnungen auskommen. Und es kann schließlich ein furchterregendes Werkzeug in den Händen von Regierungen sein, um Bürger in ihrer Alltagskommunikation zu überwachen, ja auszuspähen.

Kurzum: Das Netz spielt eine zweideutige Rolle. Für die Radikalisierung ist es von grundsätzlicher Bedeutung nicht allein, weil es die Kommunikation und den Austausch zwischen Personen ermöglicht, sondern auch als Medium, das die Radikalisierung befördern, ja bei bestimmten Individuen durch Kontakt mit radikalisierender Literatur erst in Gang setzen kann.

Das Netz eröffnet einen Raum, der weder öffentlich noch privat in der überlieferten Bedeutung ist. Im vorliegenden Fall handelt es sich um einen polarisierenden Raum, der diejenigen zusammenführt, die wahlverwandt sind und es zugleich verstehen, andere für sich einzunehmen. Dieser Raum ist ein sektierererischer Raum, aber er hat nicht die Geschlossenheit wirklicher Sekten; und er ist ein öffentlicher Raum, aber er hat nicht die Offenheit einer wirklichen Öffentlichkeit. Seine Virtualität gehört nicht allein der Ordnung des Unwirklichen an, sondern durchzieht das Wirkliche den Normen einer mehrwertigen Geometrie entsprechend, wie in den kubistischen Gemälden eines Picasso, in denen die Linien aufgebrochen und durch neue Fluchtpunkte und Konvergenzen reorganisiert werden. In diesem quasi-öffentlichen und halbprivaten Raum gewinnt eine Dimension eine besondere Bedeutung, die man antianomisch nennen mag. Sie gibt dem Internetnutzer das Gefühl, zu einer „verschworenen Gemeinschaft" zu gehören, mag sie auch virtuell sein. Zahlreiche Individuen, die unter der Anomie und Destrukturierung sozialer Bindungen leiden, finden im dschihadistischen Netz eine Gemeinschaft, deren Anziehungskraft umso größer ist, als sie ein intensives Zugehörigkeitsgefühl vermittelt – das Gefühl, das Dasein gewinne neuen Sinn im Kampf gegen einen durchtriebenen Feind (den Westen). Und vor allem das Gefühl, durch den Kampf gegen diesen Westen könne man den Anteil des Teufels auch aus der eigenen Seele austreiben, in die er sich eingeschlichen hat. Das dschihadistische Internet fungiert als Exorzist und integriert das bindungslose und verstoßene Individuum in eine heilbringende Gemeinschaft, in der es sich aufgehoben fühlt. Der Internetnutzer gewinnt eine neue Identität, indem er den Teufel in sich selbst anprangert. Er ist westlich und *White Trash*, er ist selbst unrein, durch das Böse befleckt. Oder er ist Immigrantenkind, weder Franzose noch Araber, er verkörpert den Makel der doppelten „Nichtzugehörigkeit", den er aus seinem Dasein austreiben muss, um eine „bereinigte" Identität zu erlangen, um zu sich selbst zu finden in einem Kampf auf Leben und Tod gegen den äußeren, aber auch gegen jenen inneren Feind, der die Konstitution eines Ego, das mit sich eins wäre, unmöglich macht. Das Netz ermöglicht diese identitätsstiftende Wandlung in einem Universum, das halb Traumwelt, halb Wirklichkeit ist, von Tausenden von Texten, Videos, Filmen und Zeugnissen bevölkert. Es erlaubt dem Individuum, in einigen Stunden eine Reise zu tun, die in der wirklichen Welt Tage oder Monate in Anspruch nehmen würde. Raum und Zeit verdichten sich und die Identität erstarkt, indem sie sich an einige wenige Ziele heftet: Kampf auf Leben und Tod mit dem Westen, erbarmungsloser Krieg gegen eine unreine Gesellschaft und schließlich der Wille, sich von denen zu lösen, die noch der alten Sphäre des Identitätsverlusts und der Herkunftslosigkeit angehören. Das Netz, erfüllt von der flammenden Botschaft des Dschihadismus, stiftet eine Identität, es bietet eine innige Gemeinschaft, die der Anomie ein Ende setzt und eine neue Welt schafft, die endlich einen Sinn in sich trägt, der zugleich unendlich vielfältig ist in der unerschöpflichen Fülle der Bilder und Videos.

Wie wir bereits bemerkt haben, hat der radikale Islamismus eine Intelligenz auf den Plan gerufen, die dschihadistische Thematiken erneuert und auf aktuelle politische Kontexte zurückgreift, um ihnen einen Sinn zu verleihen, der über ihre rein theologische oder rechtliche Bedeutung weit hinausgeht. Die neue dschihadistische Intelligenz hat den Islam politisiert in einem Prozess, der zunächst von schiitischen (mit Al Schariati als Galionsfigur), dann von sunnitischen Intellektuellen geprägt wurde (Maqdisi, Tartusi, Azzam, Suri, Abu Qatada ...). Das ganze Wirken dieser neuen, in ihrer überwältigenden Mehrheit arabischsprachigen Intelligenz wurde in den 1990er Jahren ins Netz gestellt und seit Beginn des 21. Jahrhunderts fast vollständig ins Englische und andere europäische Sprachen übersetzt. Die dschihadistische Literatur hätte ohne das Internet und seine Verstärkerfunktion zweifellos nicht das Echo gefunden – und sei es auch nur wegen der

Zensur –, das ihr in fast allen Kontinenten beschieden war (wahrscheinlich mit Ausnahme Lateinamerikas).

Tausende von Jugendlichen in der ganzen Welt haben durch das Internet kostenlosen Zugang zur arabischen Version der Texte oder zu ihren vielfältigen Übersetzungen. Dschihadistische Diskussionsforen haben ihnen auch die Möglichkeit eröffnet, sich in die Gegenstände zu vertiefen und mit anderen Jugendlichen in Kontakt zu treten, die darauf brennen, sich in den Kampf gegen eine ungerechte Welt zu stürzen, von der die Muslime unterdrückt werden. Das hat zur Globalisierung von Thematiken geführt, die in der Vergangenheit einem mehr oder weniger geschlossenen Kreis von Intellektuellen und gebildeten Minderheiten vorbehalten blieben.[18] Internetseiten, die Kampfszenen und Tötungen zeigen oder Bauanleitungen für Bomben verbreiten, erlauben es Jugendlichen, deren Dasein bar aller Bestimmung ist, zum Herrn über ihr Schicksal und das anderer zu werden, und bieten ihnen einen Vorgeschmack auf das, was sie morgen auf dem Schlachtfeld erwartet – sei es die Straße, das Café, der Bahnhof oder das Flugzeug, das sie in die Luft zu jagen gedenken, sei es, noch vager, in Syrien oder im Irak, wo sie sich gegen den häretischen Tyrannen kämpfen sehen. „Virtuell" ist in diesem Fall das Netz weniger im Sinne der Unwirklichkeit als vielmehr in dem eines Versprechens und eines Vorboten der künftigen Wirklichkeit, deren berauschend scharfe Luft man sich im Voraus um die Nase wehen lässt und die zu verwirklichen man sich verpflichtet, nachdem man sie am Bildschirm erfahren hat. Durch die Erfüllung der mörderischen Pflicht wird man zu dem Selbst, als das man seiner selbst würdig ist. Eine perverse Subjektwerdung, in der das Glücksversprechen eins wird mit dem unbändigen Verlangen, sich an einer undankbaren Welt zu rächen, gebietet der

[18] Vgl. den Bericht von Hussain, Ghaffar & Saltmann, Erin Marie: „Jihad Trending: A Comprehensive Analysis of Online Extremism and How to Counter it", Quilliam 2014 [online], www.quilliamfoundation.org.

Anomie und fehlenden Verbundenheit mit Anderen Einhalt – mit Anderen, die fortan entweder häretische Gegner oder gottergebene Freunde sind, in einem Manichäismus, der die Angst vor einem sinnfernen Universum überwindet.

Ein Blick auf die Art und Weise der Radikalisierung von Individuen, die nach dem 11. September 2001 Anschläge verübt oder geplant haben, enthüllt die Bedeutung des Internets als eines Radikalisierungsmediums, sei es durch den dschihadistischen Inhalt bestimmter Websites (individuelle Selbstradikalisierung), sei es durch einen Meinungsaustausch mit anderen, die in den Dschihad ziehen wollen, der Bindungen schafft, die in das gemeinsamen Projekt der terroristischen Aktion im Namen des radikalen Islam münden.

Das Netz ist freilich nicht allein ein Propagandainstrument in den Händen der Dschihadisten. Mitunter wird es auch von verfeindeten Dschihadistengruppen genutzt, um offene Rechnungen zu begleichen. So spielt Twitter eine entscheidende Rolle in dem Gefecht, das die beiden größten dschihadistischen Gruppierungen in Syrien sich liefern, nämlich der „Islamische Staat“ (IS) auf der einen, die al-Nusra-Front, offizieller Repräsentant al-Qaidas in Syrien, auf der anderen Seite. In den über Twitter verbreiteten Nachrichten bezichtigen beide Gruppen einander, *fitna*, die Zwietracht, unter Muslimen zu säen und die Umma gegenüber den verschworenen Feinden, dem Assad-Regime und dem Westen der Kreuzritter zu schwächen. Abu Khalid al-Suri, einer der Anführer der Dschihadistengruppe Ahrar al-Sham (Freie Männer der Levante), hat auf Twitter den IS attackiert und beschuldigt, den Kampf gegen die anderen Dschihadistengruppen in Syrien angezettelt zu haben. Im Übrigen ist bekannt, dass al-Suri der Repräsentant des Führers von al-Qaida in Syrien, al-Zawahiris, ist.

Manchmal dient Twitter auch dazu, Unstimmigkeiten innerhalb ein und derselben dschihadistischen Gruppe publik zu machen, die andernfalls vielleicht unbemerkt geblieben wären. So hat der anonyme Account *Wikibaghdady* zwischen dem 10. Dezember 2013 und dem 21. Januar 2014 Informationen über den steilen Aufstieg von Abu Bakr al-Baghdadi, Emir des „Islamischen Staats", und die Ausbreitung der Dschihadistengruppierung veröffentlicht. Nach dem 21. Januar ist er verstummt. Sosehr Twitter das mächtigste Instrument der Propaganda und der Rekrutierung künftiger Mitglieder im Netz geworden ist, sosehr ist es auch das Instrument, mit dem sämtliche Gruppen die Strategien und geheimen Winkelzüge ihrer Gegner enthüllen und sich in einem erbarmungslosen Propagandakrieg gegenseitig diskreditieren.[19]

Die europäischen Regierungen sind sich der Bedeutung des Netzes und der Notwendigkeit, besuchte radikale Seiten zu überwachen und zu kontrollieren, inzwischen bewusst geworden. Und fast überall gilt unterdessen als Delikt, was man „medialen Dschihadismus" nennen könnte, auch in den demokratischen Gesellschaften. In Frankreich ist im Dezember 2012 nach den von Mohammed Merah verübten Anschlägen ein Gesetz verabschiedet worden, das es erlaubt, Personen wegen der „Verherrlichung terroristischer Akte" in Untersuchungshaft zu nehmen. So im Fall von Romain L., einem jungen Konvertiten von 26 Jahren, der unter dem Pseudonym Abu Syad al-Normandy zahlreiche Verlautbarungen der algerischen Organisaton „al-Qaida au Maghreb" (AGMI) veröffentlicht hatte. Nach Auffassung der Staatsanwaltschaft soll er entscheidend an der Übersetzung der Nummern 10 und 11 der dschihadistischen Zeitschrift *Inspire* und ihrer Verbreitung beteiligt gewesen sein. Man kann inzwischen, wie die Pariser Staatsanwaltschaft sagt, von der „Entstehung einer virtuellen dschihadistischen Gemeinschaft" sprechen, „die ein immer größeres und immer jüngeres Publikum anspricht und deren Propaganda entscheidend an der Radikalisierung und

[19] Vgl. Roggio, Bill: „Syria's Twitter Wars", *The Daily Best*, 16. Februar 2014.

Rekrutierung isolierter Individuen beteiligt ist, die in den Terrorismus abrutschen […].“[20]

Romain L. der mit zwanzig zum Islam konvertiert ist und eine Franko-Marokkanerin geheiratet hat, soll seine aktive Beteiligung an der Redaktion der dschihadistischen Website *Ansar al-Haqq* gestanden haben, die die Zeitschrift *Inspire* vertreibt, in der die Erörterung theologischer Fragen Seite an Seite mit Anleitungen zum Bombenbau steht.[21] Er wurde zu einem Jahr Haft ohne Bewährung verurteilt.[22] Ganz wie in Frankreich sind in Großbritannien alle Formen der öffentlichen Anstiftung zum Hass unter Strafe gestellt.

---

[20] „La lutte contre le ‚djihad médiatique franchit un cap'“, *Le Point.fr*, 20. September 2013 [online], http://www.lepoint.fr/societe/la-lutte-contre-le-djihad-mediatique-franchit-un-cap-20-09-2013-1733508_23.php.

[21] Das Online-Magazin *Inspire* gerät immer wieder ins Visier der Terrorismusbekämpfung, namentlich in Frankreich: Auch die junge Frau, die im Oktober 2013 im Pariser Stadtteil Belleville wegen versuchter Kontaktaufnahme mit „al-Qaida auf der arabischen Halbinsel“ (AQAP) festgenommen worden war, hatte das Magazin gelesen. Sie war bei Mitgliedern der 2012 aufgelösten Terrorgruppe „Cellule de Cannes-Torcy“ aufgegriffen worden. Und auch die Brüder Zarnajew, die im Verdacht stehen, den Doppelanschlag auf den Boston-Marathon verübt zu haben, sollen dem Blatt die Bauanleitung für ihre Bomben entnommen haben. Vgl. Mirande, Jean-Noel, „Paris: une femme soupconnée de liens avec al-Qaida arrêtée“, *Le Point fr.*, 1. Oktober 2013 [online], http://www.lepoint.fr/societe/paris-une-femme-soupconnee-de-liens-avec-al-qaida-arretee-01-10-2013-1737093_23.php.

[22] „France: le cyber-jihadiste Romain Letellier, alias Abou Siyad al-Normandy, condamné à un an de prison ferme jugé“, www.rfi.fr/ticker/contenu/france-une-peine-3-ans-prison-requise-encontre-cyber-jihadiste-abou-siyad-al-normandy, veröffentlicht am 4. März 2014.

Wer finanziert die Radikalisierung?

Die Radikalisierung hat eine subjektive und intersubjektive, aber auch eine ökonomische und finanzielle Dimension insofern, als terroristische Aktionen ohne die finanzielle Unterstützung bestimmter Gruppen oder Staaten auf einem mehr oder weniger unwirksamen Niveau verharren würden. Mit Geld lassen sich Waffen kaufen, die mörderischer sind, und also Operationen von sehr viel größerer Tragweite und Gewalttätigkeit durchführen. Wegen der Bedeutung der Bewegung beschränken wir uns hier auf die dschihadistischen Finanzen, aber es versteht sich, dass die gleiche Art von Problemen sich auch angesichts verschiedener Gruppen am extremen linken oder rechten Rand stellt, die sich häufig durch Drogenhandel, durch Geiselnahme oder auch durch Piraterie selbst finanzieren.

Die Rolle von Wohlfahrtseinrichtungen und Hilfswerken bei der Finanzierung von al-Qaida oder anderen dschihadistischen Gruppen, ob im Westen oder in den muslimischen Ländern, ist bekannt. Eine der Aufgaben der Geheimdienste bestand darin, die Unterstützung von Extremisten unter dem Deckmantel von Geldern für Hilfsorganisationen aufzudecken – eine Aufgabe, die der Bürgerkrieg in Syrien noch komplizierter gemacht hat. Da Syrien von einer alawitischen Diktatur beherrscht wird, fühlen sich viele Sunniten, auch wenn sie weder al-Qaida noch anderen radikalen islamistischen Gruppen angehören, aus religiösen Gründen verpflichtet, denjenigen zu helfen, die gegen das Assad-Regime kämpfen, das wahllos Zivilisten bombardiert, die in ihrer großen Mehrheit Sunniten sind. Im Krieg gegen Assad gewinnen aber mehr und mehr radikal islamistische Kämpfer die Oberhand über säkulare Kräfte. Dschihadistische Gruppen wie Dschabhat al-Nusra haben Aufwind, und Zehntausende von Ausländern kämpfen Seite an Seite mit den autochthonen Mitgliedern, um die vom Glauben abgefallene schiitische Herrschaft zu stürzen und durch eine sunnitische islamische Herrschaft zu ersetzen, die der dschihadistischen Vision des Neokalifats entspricht. Um ihren von Tod und Folter bedrohten sunnitischen Brüdern zu helfen, verharmlosen Spender in Saudi-Arabien wie in den Emiraten den dschihadistischen Charakter dieser Gruppierungen und wickeln ihre finanzielle Unterstützung über zweifelhafte, von den Vereinigten Staaten als prodschihadistisch eingestufte Hilfsorganisationen ab. So werden zwei Personen aus Katar von den Vereinigten Staaten beschuldigt, Mittel für dschihadistische Gruppen in Syrien einzuwerben: al-Nuaymi, Universitätsprofessor und Ex-Präsident des katarischen Fußballverbands, Gründungsmitglied einer wichtigen Hilfsorganisation und der Stiftung Alkarama, sowie ein anderes Mitglied dieser Stiftung, al-Humayqani, Gründer der Partei *Rashad Union* und Initiator der National Dialogue Conference (NDC), die von der amerikanischen Regierung finanziell unterstützt wird. Al-Nuaymi behauptet, diese Anschuldigung sei eine Reaktion auf seine Kritik an der amerikanischen Politik in der Region.

Vereinigungen wie Madid Ahl al-Sham, die Hilfsgelder für Syrien sammelt, genießen als Geldbeschaffer ausdrücklich das Vertrauen der dschihadistischen Gruppen.[23]

---

[23] Zarate, Juan (2013); Warrick, Joby & Root, Tik: „Islamic Charity Officials Gave Millions to al-Qaeda, U.S. says", *The Washington Post*, 23. Dezember 2013 [online], http://www.washingtonpost.com/world/national-security/islamic-charity-officials-gave-millions-to-al-qaeda-us-says/2013/12/22/eoc53ad6-69b8-11e3aob9-249bbb34602c_story.html.

Orte der Radikalisierung

Der Globalisierung zum Trotz spielen lokale Besonderheiten weiterhin eine große Rolle. Die vom Netz und den transnationalen Beziehungen umgestaltete Geographie bleibt ein wichtiger Faktor. So war, um nur ein Beispiel zu nennen, die Moschee in Finsbury Park in London in den 1990er Jahren und zu Beginn des 20. Jahrhunderts eine Hochburg des radikalen Islamismus. Abu Hamza, eine der charismatischen Figuren des dschihadistischen Islam hielt dort seine Predigten, die eine ganze jüngere Generation beeinflussten, aus der manche sich später der Gewalt im Namen des Heiligen Krieges zugewandt haben (vgl. O'Neill & McGrory 2006). Eine Hochburg der Radikalisierung in den Vereinigten Staaten war etwa das Islamische Zentrum Dar al-Hijrah in Virginia in den 2000er Jahren. Anwar al-Awlaki war dort von Januar 2001 bis April 2002 Imam und verstand es, durch sein Charisma Jugendliche für die radikale Version des Islam zu gewinnen. Ahmed Omar Abu Ali, der seinerseits an diesem Kulturzentrum unterrichtete, wurde 2005 in den Vereinigten Staaten wegen Mittäterschaft bei einem von al-Qaida geplanten Attentat auf Präsident Bush zu lebenslanger Haft verurteilt.

In bestimmten Fällen können ganze Viertel Anzeichen von Radikalisierung erkennen lassen, wenn soziale und wirtschaftliche Exklusion, Herkunft (ethnische und geographische Herkunft von Migranten oder ihren Nachkommen) und radikale Versionen des Islam zusammentreffen. In Frankreich sind etwa Lyon und seine Vororte, inbesonders Vaulx-en-Velin und das Viertel Minguettes in Venissieux, durch besonders zahlreiche Fälle islamistischer Radikalisierung aufgefallen. Khaled Kelkal etwa, auf dessen Konto insbesondere der Anschlag auf die Metrostation Saint-Michel in Paris im Juli 1995 geht, stammt aus Vaulx-en-Velin. Auch von sechs im amerikanischen Gefangenenlager Guantánamo inhaftierten Franzosen kommen zwei aus den Minguettes (Nizar Sassi und Mourad Benchellali). Die Gegend um Lyon war in den 1980er Jahren der Ausgangspunkt des *Marche des beurs*, des Protestmarsches maghrebinischer Einwanderer für die Gleichheit der Bürgerrechte, und das Scheitern der Bewegung hat zur Radikalisierung der Region ebenso beigetragen wie die strategische Lage Lyons als Drehscheibe zwischen Paris, der nahen Schweiz und Marseille. Der radikale Islamismus hat sich in der starken Gemeinschaft von Menschen algerischer Herkunft, die es im Gefolge der Algerienkrise nach dem Staatsstreich der Armee 1992 in der Region gibt, nach dem Scheitern des *Marche des beurs* umso besser einnisten können.

Lille und die benachbarten Städte, namentlich Roubaix, waren ebenfalls Geburtsstätten des Dschihadismus in Frankreich, insbesondere mit der „Roubaix-Gang", deren Mitglieder für zahlreiche bewaffnete Überfälle in der Region Nord-Pas-de-Calais 1996 verantwortlich waren und einen Autobombenanschlag auf den G7-Gipfel in Lille Ende März 1996 verübt haben. Die Gang, die radikalen Islamismus und verbrecherisches Bandentum miteinander verband, wurde von zwei zum Islam konvertierten Franzosen angeführt: Christophe Caze, dem mutmaßlichen Chef, und Lionel Dumont, seines Zeichens Medizinstudent im fünften Jahr, der aus einer kinderreichen und humanitär engagierten Familie stammte. Die Mitglieder der Gruppe hatten sich in der Archimède-Moschee in Roubaix kennengelernt. Dort wurden Beziehungen mit Muslimen geknüpft, die in den Jahren 1994-1995 in Bosnien gekämpft hatten und deren dschihadistisches Engagement auch auf den Einfluss des algerischen Islamisten Abdelkader Mokhtari, genannt Abu el-Maali, zurückging.[24] Erstmals waren es eindeutig Konvertiten, die mit der „Roubaix-Gang" als dschihadistische Täter die Bühne betraten.

In Großbritannien mag man an den Londoner Südwesten denken, wo vor allem in Brixton seit den 1990er Jahren radikale islamistische Täter heranwuchsen, die in den antillischen Gemeinschaften (afrokaribischer Herkunft) rekrutiert wurden, obwohl deren Mitglieder in der Mehrzahl Christen waren.[25] In dieser geographischen Enklave gewinnt der Islam der Konvertiten eine neue Funktion als „Religion der Unterdrückten", als Religion derer, die unter Ausgrenzung und Rassendiskriminierung leiden, weil die „Weißen", die an der Macht sind, die Botschaft der Gleichheit und Würde verraten haben. Das Bekenntnis zum Islam macht hier eine Verkehrung der Rollen möglich: Der häretische Weiße wird zum Pol des Bösen, der strenggläubige Schwarze zu dem des Guten.

Zugleich gilt, dass die Orte der Radikalisierung sich wandeln – und sei es auch nur infolge der erhöhten Wachsamkeit der Polizei. Während in den 1990er und beginnenden 2000er Jahren die Radikalisierung in Frankreich sich in den Moscheen vollzog (oder in Wohnungen, die als Kultstätten herhalten mussten), manchmal ohne Wissen der Leitung (Farid Benyettou predigte in der Ad'Dawa-Moschee in Paris mehr oder weniger im Geheimen vor seinen Anhängern), muss sie heute anderswo stattfinden, nachdem die Geheimdienste die Kultstätten immer schärfer überwachen und die Leitungen der Moscheen ihrerseits mehr Kontrolle ausüben.

---

[24] Ané, Claire: „Avant Merah, peu d'islamistes avaient grandi et frappe en France", *Le Monde.fr*, 29. März 2012.

[25] Githens-Mazer, Jonathan: „Why Woolwich Matters: The South London Angle", *RUSI Analysis*, 31. Mai 2013 [online], www.rusi.org/analysis/commentary/ref:C51A886oA58o67/.UaoXyut8OUc.

Heute sind das Internet und die Nachbarschaft (die Kumpels) oder das Gefängnis (siehe das Kapitel zu diesem Thema) oder auch philanthropische Vereine oder Auslandsreisen (vor allem nach Pakistan, in den Jemen, nach Ägypten ...) die Orte, wo Jugendliche sich einer Gruppe anschließen oder eine Gruppe ins Leben rufen.

Bis zum Beginn der 2000er Jahre war London (unter Islamisten damals Londonistan genannt) die bevorzugte Anlaufstelle für Individuen, die schon radikalisiert waren oder Anschluss an Dschihadistennetzwerke suchten. Radikale maghrebinische Islamisten, nach denen in Frankreich oder Nordafrika gefahndet wurde, ließen sich dort nieder, um sich dem Zugriff der Polizei zu entziehen. Inzwischen haben sich diese Netzwerke weitgehend aufgelöst, insbesondere unter dem Druck der Amerikaner nach den Anschlägen vom 11. September 2001 und denjenigen vom Juli 2005 (in London). In Großbritannien wie in Frankreich entscheidet sich der Dschihadismus mehr und mehr gegen die Moschee und für das Internet oder den Freundeskreis, um sich zu organisieren.

Die zweideutige Rolle der Frustration im Prozess der Radikalisierung

Niemand geht unmittelbar von der Frustration zur Radikalisierung über. Es gibt zwischen dem einen und dem anderen keine lineare Verbindung wie zwischen Ursache und Wirkung.

Wenn Frustrationen nicht automatisch zur Radikalisierung führen, so können sie doch auf bestimmte Personengruppen, namentlich auf psychisch labile Individuen, einen mehr oder weniger großen Einfluss ausüben, der sie dafür anfällig macht. Die wachsende Komplexität der Formen gesellschaftlichen Zusammenlebens und die Anomie der modernen Gesellschaft, aber auch soziale und ökonomische Divergenzen erzeugen bei manchen Personengruppen das Gefühl, es gebe „zweierlei Menschen“: die einen wohlhabend und integriert, die anderen in prekären Verhältnissen, stets in Gefahr, in Armut, ja Verelendung abzurutschen. Parallel dazu sorgen die sogenannten sozialen Medien auf oft hochkomplexe Weise für einen Austausch zwischen verschiedenen Teilen der Welt. Internet und zusehends virtualisierte Formen sozialer Beziehungen können auch zu mentalen und sozialen Auflösungserscheinungen und zu Seinsweisen führen, die bei den Labilsten mitunter zum Absturz führen. Diese Defizite können von „Anführern“ ausgenutzt werden, die aus der wachsenden Anfälligkeit dieser Ausgeschlossenen Profit zu schlagen wissen: Eine ganze Reihe von Studien auf der Grundlage vorliegender Statistiken zeigt, dass sich in Europa die Radikalisierten (und vor allem die Dschihadisten) in ihrer überwältigenden Mehrheit aus den Reihen der Ausgeschlossenen rekrutieren (Sageman 2008, Leiken & Brooke 2006). Wenn man psychisch labil ist, führt die „paranoische" Tendenz fraglos dazu, dass man die Umstände, die mit Geldmangel, Rassismus oder der Gettoisierung einhergehen, unangemessen interpretiert und einem entschlossenen Willen zuschreibt, der Gruppe zu schaden, der man selbst jeweils angehört (die Muslime, die „alteingesessenen" Franzosen, die Juden, die Schwarzen ...). Das vereinsamte, gefährdete oder „virtualisierte" Individuum verzerrt die Umstände, die seiner Frustration zugrunde liegen; es monumentalisiert sie auf pathologische Weise, um sie für sein Elend und das der eigenen Gruppe verantwortlich zu machen. Es versucht, häufig im Namen einer imaginären Gemeinschaft, für deren Wortführer es sich hält, Rache zu nehmen und die ganze Gesellschaft „dafür bezahlen" zu lassen. An die Stelle von gesellschaftlichen Auseinandersetzungen treten infrasoziale und antagonistische Formen der Identitätsbehauptung.

Geballte Frustration kann sich vor allem dann, wenn sie Belange des Islam betrifft, auf die Radikalisierung von Individuen auswirken, die beileibe nicht über große Islamkenntnisse verfügen müssen. Wie man weiß, erfordert die islamistische Radikalisierung zunächst keine intime Vertrautheit mit der Religion Allahs. Zumeist ergreift den Adepten erst *nach* der Radikalisierung der Wunsch, sich in den Islam in seiner dschihadistischen Version zu vertiefen. In Frankreich lässt sich dieses Phänomen in den Vororten ebenso beobachten wie im Gefängnis. Die jüngeren Generationen, die von maghrebinischen Einwanderern abstammen, sind vor ihrer Konversion zu radikalen Spielarten des Islam zutiefst „de-islamisiert". Wie ich in einer damit befassten Studie festgehalten habe, sind es keineswegs weitreichende Vorkenntnisse des Islam, die zur religiösen Radikalisierung in den Banlieues führen.[26] Es ist vielmehr eine tiefe Ungebil-

[26] Vgl. Khosrokhavar (1997). Diese Feststellung trifft auch 15 Jahre später noch zu. Abgesehen von einer kleinen salafistischen Minderheit, die

detheit, die zu besonderer Leichtgläubigkeit, zu einer aus der Verkennung, ja völligen Unkenntnis des Islam resultierenden Naivität führt, was dem religiösen Extremismus in die Hände spielt.

Der „Hass“, den der junge Mann aus den marginalisierten Vierteln gegen die Gesellschaft hegt, nimmt umso leichter die Form radikaler Religiosität an, je weniger er sich mit dem Islam auskennt – um dadurch willkürlich den Dschihad mit dem antiimperialistischen Kampf, den *taghut* mit säkularen politischen Regimen oder die *dschahiliya* mit der Demokratie oder jedem politischen System zu verwechseln, das nicht der islamischen Theokratie entspricht, die er herbeisehnt, ohne zwangsläufig Näheres über sie zu wissen. Frustrationen können, allgemeiner gesprochen, in ein religiöses Register übertragen werden, das ihnen eine sakrale Bedeutung verleiht, die manche in Formen der Revolte treibt, die bis zum Dschihad gehen können. Die Verstrickung des Westens in den Krieg in Afghanistan und im Irak, aber auch in anderen muslimischen Ländern (die französische Armee in Mali) erzeugt bei diesen Jugendlichen das Gefühl, der Islam werde von christlichen oder gottlosen Mächten angegriffen, und ihn zu verteidigen sei oberste religiöse Pflicht (*fard al ayn*). Dieses Gefühl der Ergebenheit gegenüber einer islamischen Welt, die eben noch in weiter Ferne lag, zeigt auch, wie wenig ausgeprägt das Nationalgefühl dieser Generation ist, die unter ihrer Marginalisierung in den Vororten oder den Armenvierteln, den prekären Lebensverhältnissen, der Zurückweisung durch die Gesellschaft leidet – eine Ablehnung, die sich in der Vorstellung der Betreffenden zu etwas auswächst, hinter dem ein systematischer Wille und eine antiislamische Absicht vermutet werden, die keiner objektiven Beweise mehr bedürfen.

---

sich früh die wahhabitische Spielart des Islam aneignete, verfügt die große Mehrheit der Jugendlichen praktisch über keine Kenntnis der Religion Allahs und ihrer Geschichte.

Das europäische Modell der Radikalisierung

Auch wenn die Radikalisierung immer unterschiedlichere Gestalten annimmt – in Europa findet sie eher selten im Namen der Umwelt oder des Kampfs gegen Abtreibung oder Misshandlung von Tieren statt. Ihre prägnantesten Ausprägungen sind noch immer der politische Islamismus und, auf dem zweiten Platz, der Rechtsextremismus (radikalisierte Skinheads, verschiedene Gruppen, die den Muslimen die europäische Identität entgegenstellen wollen, der einsame Wolf vom Typ eines Anders Breivik ...).

Die Radikalisierung betrifft nicht alle Generationen gleichermaßen. Es gibt ein optimales Alter, das bei der großen Mehrheit derer, die sich auf der Grundlage einer extremistischen Ideologie an terroristischen Aktionen beteiligen, zwischen fünfzehn und vierzig Jahren liegt. Jenseits dieses Alters kommen manche (zum Beispiel unter denen, die sich in den 1990er Jahren radikalisiert und 1995 eine treibende Rolle beim Attentat auf die Metrostation Saint-Michel gespielt hatten) mehr oder weniger zur Ruhe und erklären, wieder ein normales Leben führen und einer Gewalt abschwören zu wollen, die sie mehr und mehr für unrealistisch halten, ohne darum ihre extremistische Ideologie zwangsläufig hinter sich zu lassen. Andere verschreiben sich weiterhin terroristischer Gewalt; man spürt bei ihnen häufig die Angst vor der „Deklassierung“, da sie nach mehreren Jahren Gefängnis und Isolierung nur zu gut wissen, dass ihnen ihr Platz in den neuen terroristischen Konstellationen nicht mehr sicher ist und sie zwar noch respektiert, aber wegen ihres Alters an den Rand gedrängt werden. Die vereinzelten Linksextremen, vor allem aber die Dschihadisten, die in die Fünfziger kommen,

„altern schlecht“: Sie stecken nach wie vor in ihrer ideologischen Zwangsjacke und hören größtenteils nicht auf, dem Ideal eines durch eine radikale Ideologie legitimierten Gewalthandelns nachzuhängen. Zumindest in Europa fällt bei denen, die im Gefängnis gewesen sind – von denen ich ein Dutzend kennengelernt habe –, eine Verbindung von Altersverleugnung mit ideologischer Stabilität auf. Das Scheitern ihres Aufrufs zur proletarischen Revolution (bei der extremen Linken) oder zum Neokalifat (bei den Vertretern des Dschihadismus) einzugestehen, wäre für sie eine Tragödie.

Bei den Jungen oder denen, die unter vierzig sind, trifft man auf Formen des Starrsinns: Sie sind entschlossen, sich an der ungerechten Gesellschaft zu rächen, und beseelt von dem unerschütterlichen Glauben an die Notwendigkeit des Einsatzes von Gewalt gegen ein Land und einen Staat, die mit antiislamischen Kräften im Bunde sind. Dieselbe Altersverteilung, die man draußen findet, ist auch in den Gefängnissen zu beobachten: Die erschreckendsten Verfechter der Radikalisierung sind nicht die Großväter und auch nicht die Väter, sondern die Söhne, insbesondere dann, wenn die Geheimdienste radikale Tendenzen schon bei den Vätern festgestellt haben. In den jüngeren Generationen in Europa sind die Dschihadisten mehrheitlich (aber nicht ausschließlich) junge Männer, deren Lebensweg chaotisch verlaufen ist (Kriminalität, dann ideologische Verhärtung) und die in der radikalen Gewalt eine Identität suchen, die sie anderswo nicht haben finden können. Der Dschihadismus ist ein Akt der „Identitätsbeschaffung“, des Einswerdens mit sich selbst in einer Gesellschaft, in der die Identität vielfältig (positive Dimension), aber auch zerborsten ist (negative Dimension). Zumal für die Jungen, die in den marginalisierten Vierteln leben, ist der Dschihadismus gewiss verlockend wegen seiner antisozialen (der Hass auf die Gesellschaft wird sakralisiert) und antirepressiven Dimension (man empfindet die soziale Herrschaft, aber anstatt einer Handlungslogik zu folgen, die sie nachhaltig und konstruktiv in Frage stellt, verfällt man auf radikale, rasche Lösungen, um mit einer Ordnung zu brechen, die fortan durch und durch „häretisch“, „vom Glauben abgefallen“ und des Teufels ist). Aber der Dschihadismus erschöpft sich nicht in bloßer Ablehnung. Die „positive“ Dimension liegt in der Selbstbeförderung zum Individuum mit einer festen Identität (ja einer verfestigten, bedenkt man die extreme Kohärenz einer Sicht, die alles ausschließt und ausblendet, was ihr zuwiderläuft). Sie liegt in der heroischen Selbstwahrnehmung (zum Helden wird man, indem man der Logik des Märtyrertums und des Dschihad in ihrer extremistischen Zuspitzung folgt und die mediale Berichterstattung zu einem grundlegenden Element seiner Identität macht), in der Selbstbestätigung als jemand, der zählt, und im Stolz darauf, Angst einzuflößen, wo einem früher nur arrogante Zurückweisung und Verachtung der „Weißen“ entgegenschlug (das heißt derjenigen, die es geschafft haben – die „Araber“ in den Mittelschichten eingeschlossen). Die radikale Islamisierung geht von innen aus (extrem prekäre Lebensverhältnisse und soziale Anomie der Jungen), aber auch von außen (das Geschehen jenseits der Grenzen wird den potenziellen dschihadistischen Tätern übers Internet oder durch charismatische Personen und mehr oder weniger verdeckt arbeitende Organisationen übermittelt) im Zuge einer Logik der Globalisierung, die häufig den nationalen Rahmen sprengt.

White Trash

Ein *Petit Blanc* (Patricot 2013)[27] oder *Blanc merdeux*, ein „weißer Lümmel“, wie ein junger Krimineller mit

[27] Der Ausdruck *Petit Blanc* wird von Patricot (2013) in seinem Essay ausdrücklich als Entsprechung des amerikanischen *White Trash* eingeführt (*Anm. d. Übers.*).

Migrationshintergrund es genannt hat, ist derjenige, der auf der sozialen Stufenleiter ganz unten steht, der sich in seinem wirtschaftlichen und sozialen Elend missverstanden und einer doppelten Missachtung ausgesetzt fühlt: schweigender Missachtung seitens der wirklichen *Blancs*, das heißt der arrivierten weißen Franzosen, der wirtschaftlich und sozial Integrierten, aber auch einer mit Ablehnung verbundenen Aggressivität seitens der Jungen aus den Vororten, die ihm ein höchst zwiespältiges Gefühl entgegenbringen, wenn er im selben Viertel lebt (und die dazu führt, dass er sich nicht mehr zu Hause fühlt).

Die *Petit Blancs* misstrauen den „Arabern“, den Immigranten, die ihrer Ansicht nach die ganze Aufmerksamkeit des Staates für sich beanspruchen und durch deren lautstarken Protest das stumme Elend aus dem Blick gerät, in dem sie sich gefangen fühlen. Durch die republikanischen Eliten und eine Bevölkerung, die sie schief anschaut oder, schlimmer noch, gar nicht sieht, da die Leute die Armut für ein Schicksal halten, das allein die Vororte und die Immigranten trifft, fühlen sie sich klammheimlich zum Objekt des „Rassismus“ gemacht. Die auf Verkennung oder Ignoranz beruhende Missachtung durch die Gesellschaft gibt ihnen das Gefühl, nicht wirklich zu existieren.

In ihrer überwältigenden Mehrheit führen die *Petits Blancs* in stiller Resignation und Anonymität ihr von Armut und alltäglichen wirtschaftlichen Problemen bestimmtes Leben. Sie erdulden ihr Los wie ein unabänderliches Schicksal, das sie in ihrem tiefsten Innern empört, was sie aber nie zeigen und auch politisch nicht zum Ausdruck bringen. Zum Teil sind sie Anhänger des Front National, der an die Stelle der Kommunistischen Partei als Anwalt derer ganz unten getreten ist. Der Front National stärkt das Selbstbild des *Petit Blanc*, er schenkt ihm neues Lebensvertrauen und verspricht ihm eine Zukunft, die ihm seine Würde in einem Frankreich zurückgibt, das endlich wieder den Franzosen gehört. Ein anderer, alles in allem sehr kleiner Teil wendet sich gewaltbereiten extremistischen Gruppen oder gar radikalislamistischen Gruppen zu und konvertiert zur Religion Allahs. Das mögliche Verhalten des *Petit Blanc* reicht derart von der Einsamkeit stummen Leidens bis zum Protestgeschrei in den Reihen des Front National oder dem Bekenntnis zum Dschihadismus. Die beiden letztgenannten Fälle eröffnen die Aussicht auf eine Revanche, sei es, dass der *Petit Blanc* mit Hilfe des Front National seinen Platz in einem neuen Frankreich zurückerobern will, das sich der unerwünschten Ausländer entledigt, sei es, dass der Dschihadismus ihm die Möglichkeit eröffnet, sich an den *Blancs* zu rächen, die ihn stets verachtet haben.

Unter den *Petits Blancs* sind diejenigen, die sich radikalisieren, in der Minderheit. Ihr Weltbild und ihre Subjektivität sind für unsere Analyse als Schlüsselmomente ihrer Radikalisierung interessant. Das symbolische Dreiecksverhältnis zwischen dem *Blanc*, dem *Petit Blanc* und dem „Araber“ (der den nicht integrationsfähigen Fremden verkörpert) ist in mancher Hinsicht der Schlüssel zum Verständnis der Radikalisierung des *Petit Blanc*, ob diese nun die Form einer säkularen (rechtsextreme Gruppierungen) oder religiösen extremen Gewalt annimmt (radikaler Islamismus).

Für die jungen „Araber“ verkörpert der *Petit Blanc* das Gegenmodell des wirklichen *Blanc*, den sie hassen und beneiden. Er passt nicht in das Bild, das sie sich vom *Blanc* gemacht haben. Er steht wirtschaftlich noch schlechter da als sie selbst, hat oft nicht die Beziehungen, die sie selbst im Viertel haben, in dem sie auf die Solidarität der Gruppe, auf ein informelles System gegenseitiger Unterstützung vertrauen können. Auch fehlt ihm häufig die Fähigkeit zur Devianz, die einem Teil der *Gris*, der „Grauen“ (der Jugendlichen mit Migrationshintergrund, die in den

„schlechten Vierteln" leben), wirtschaftliche Vorteile und soziale Beachtung einträgt, zumindest in den paar Häuserblocks, in denen sie sich zu Hause fühlen. Durch Bandenmentalität und intime Vertrautheit mit den mehr oder weniger komplexen Formen der Kriminalität im Viertel gelingt es ihnen, die gerne als „Pack" oder „Abschaum" bezeichnet werden, ihre Einkünfte aufzubessern. Der *Petit Blanc* dagegen ist hilflos und mittellos, da ihm die Solidarität fehlt, die in Gruppen wie den Skinheads oder bei den Arabern herrscht. Allein an den Rändern der Großstädte lebend, endet er zuweilen auch in der Verwahrlosung, von den Anderen missachtet, von der Familie und den alten Bekannten verlassen. Der *Petit Blanc* passt nicht in das idealisierte Bild, das junge gettoisierte Araber sich vom *Blanc* gemacht haben, den sie wegen seiner Arroganz, seiner Selbstgefälligkeit und seines guten Gewissens hassen, während sie ihn zugleich um sein angeblich „erfülltes" Dasein beneiden. Der *Petit Blanc* dagegen lässt, weil er gesellschaftlich nicht über, sondern noch unter ihnen steht, den Neid wie den Hass ins Leere stoßen. Darum weckt er keine Sympathie, sondern eine mit Unmut gemischte Verachtung. Und darum ist der „Araber" auch weit davon entfernt, sich mit ihm gegen den verhassten Blanc zu solidarisieren oder ihm auch nur Sympathie wegen seiner niedrigen Stellung entgegenzubringen.

Der *Petit Blanc* fühlt sich seinerseits in den Vierteln, in denen er lebt, nicht heimisch, ja doppelt ausgeschlossen und missachtet. Häufig in Vierteln zu Hause, wo Jugendliche mit Migrationshintergrund, kriminell oder islamisiert oder beides zugleich, ihn durch ihre bloße Anwesenheit im Viertel und ihre Vorstadtkultur in Rage bringen, ist er anfällig für Extremismen. Entweder für den Rechtsextremismus, um den „Araber" zu bekämpfen, oder für den radikalen Islamismus, um den *Blanc* zu bekämpfen – wenn er nicht zu verzweifelt ist, um überhaupt etwas zu tun, und sich in ein Leben zurückzieht, das von Vereinsamung und verinnerlichtem Achtungsverlust geprägt ist, ein Leben, das es ihm zusehends unmöglich macht, sich selbst zu akzeptieren, und ihn in die Verwahrlosung treibt oder dazu, sich ganz seinem Unglück zu überlassen. Er bildet einen Rassismus aus, der die Folge seines Unbehagens in einer Welt ist, in der er seinen Platz nicht findet, eine Reaktion auf die Aggressivität junger Araber, die er mit einem Staat im Bunde wähnt, der ihnen durch Hilfeleistungen für kinderreiche Familien, Arbeitslosengeld etc. unter die Arme greift, während er selbst ignoriert wird und eine Herabsetzung erfährt, die ihm als eine indirekte Wirkung von Sozialmaßnahmen scheint, durch die er sich benachteiligt glaubt. Das Bild, das sich der *Petit Blanc* von sich selbst im Verhältnis zu dem des „Arabers" und des integrierten *Blanc* macht, kränkt ihn. Ob in den marginalisierten Vierteln, in den Vorstädten – er wird von einem verdrängten Hass umgetrieben. Weil er das Gefühl hat, dort nicht mehr zu Hause zu sein, fordert er die Rückkehr zu einer Ordnung der Dinge, in der die „Araber" ausgeschlossen wären und ihm eine Würde zurückgegeben würde, die ihm von allen Seiten genommen wird. Aber wer beraubt ihn seiner Würde? Der Immigrant und seine Abkömmlinge, gewiss, aber auch der *Blanc*, der auf ihn herabsieht. Dieser demütigt ihn mit zuweilen mitleidloser Missachtung, die sich häufig in Gleichgültigkeit oder Achtlosigkeit ausspricht, die ganz einfach nicht zur Kenntnis nimmt, dass er überhaupt vorhanden ist. Für den Blanc existiert der *Petit Blanc* nicht – oder allenfalls als sozialer Abfall, als Penner, als Kunde der sozialen Tafeln, als Bettler etc., dem man ein kümmerliches Almosen gibt, während man ihn zugleich auf Distanz hält. Das führt dazu, dass der *Petit Blanc* sich radikalisiert – teils auch, um Rache zu üben. Dies mag dadurch geschehen, dass er sich rechtsextremen Gruppen anschließt, die „Araber plattmachen" und den Sinn ihres

Daseins im erbitterten Hass auf die Immigranten finden, die sie für kulturell unterlegen, aber sozial bevorteilt halten – und das sowohl in ihren Formen der Geselligkeit wie in ihrer Lebensweise (sie führen ein besseres Leben dank der Sozialhilfe, die sie beziehen, aber auch dank krimineller Machenschaften). Der Rassismus der *Petits Blancs* ist eine Form unglücklichen Bewusstseins, wie sie ein Jugendlicher zum Ausdruck bringt, der in einer nordfranzösischen Stadt wegen schwerer Gewaltdelikte inhaftiert wurde:

> Wir haben die Kumpels getroffen, um Araber zu verprügeln, die wir zufällig in den kleinen Straßen beim Bahnhof getroffen haben, wenn sie allein waren oder mit Mädchen loszogen. Wir haben uns an denen gerächt.
>
> FRAGE: Warum an den Arabern?
>
> ANTWORT: Die nehmen uns unsere Jobs weg, unsere Mädchen, unsere Sozialhilfe. Außerdem machen sie uns an, sie haben es auf uns abgesehen und versuchen uns ihre Religion aufzuzwingen und uns zu sagen, wie wir leben und die Dinge sehen sollen. Manchmal kommen sie in Gruppen, um auf uns loszugehen.

Die jungen Araber entwickeln einen Gegenrassismus, der ihnen als Rechtfertigung ihrer eigenen, gegen die Gesellschaft gerichteten Gewalt und ihrer Kriminalität dient (im Gefängnis erwähnen sie bei Gesprächen häufig die Diskriminierung, der sie aufgrund ihrer Herkunft, ihres Akzents oder ihres Lebens in den schlechten Quartieren ausgesetzt sind). Um einen Gegenrassismus handelt es sich, weil er von einer Gesellschaft erzeugt wird, die sie als Bürger zweiter Klasse behandelt, an den Rand drängt, ausgrenzt und ihrer Würde durch ein Weder-noch beraubt, das ihnen keine Identität lässt: Sie sind weder Franzosen (in Frankreich) noch Araber (in Nordafrika). In Frankreich sind sie „dreckige Araber“, im Land ihrer Eltern „dreckige

Franzosen". Was den *Petit Blanc* anbelangt, so ist sein Rassismus durch die gesellschaftliche Situation erzeugt, nicht durch einen radikalen Hass auf Araber oder irgendjemanden sonst. Doppelt herabgesetzt, stellt er durch seinen symbolischen Rassismus ein Selbstbild wieder her, das zutiefst vom Identitätszerfall gezeichnet ist. Auch er leidet unter einer wie immer auch anderen Form des Weder-noch. Er ist weder ein „Franzose aus gutem Hause", als der er das Leben eines normalen Bürgers führen könnte, noch ist er ein „Araber", der in den Genuss von Sozialhilfe käme. Er sucht seine Revanche, wie wir gesehen haben, an zwei verschiedenen Fronten: Er kann sich in eine rechtsextreme Gruppe integrieren, seine Zugehörigkeit zu dieser Gruppe hervorkehren (er ist nicht mehr allein und verlassen) und sich dem Kampf gegen den Araber verschreiben. Aber er kann auch zum Islam konvertieren, um mit dem „Araber" gemeinsame Sache im Kampf gegen den *Blanc* zu machen. In diesem Fall nimmt seine Radikalisierung denselben Verlauf wie bei den jungen Muslimen mit Migrationshintergrund, obgleich sie sich dadurch unterscheidet, dass er anfangs vor den beiden genannten Möglichkeiten steht. Aber der *Petit Blanc* kann in seinem Hass auf den „Araber" und den Muslim auch einen dritten, eigenständigen Weg der Radikalisierung einschlagen. Ohne seine „europäische" Identität und seine rechtsextremen Ansichten aufzugeben, kann er *Blancs* ermorden, um sie „wachzurütteln", ihnen die Gefahr vor Augen zu führen, die ihnen durch den Muslim droht – das war der Fall des Norwegers Anders Breivik.

Obgleich er häufig in prekären Verhältnissen lebt, kann der *Petit Blanc* auch der Mittelschicht angehören und die Reflexe der Radikalisierung durch imaginäre Mechanismen einüben. Es ist kein Geheimnis, dass der Wahlerfolg des Front National vor allem in bestimmten Departements im Nordwesten Frankreichs, in den kleinen Städten oder ländlichen Gegenden keineswegs an eine massive Präsenz von Arabern gebunden ist, sondern aus der Angst resultiert, die sie einflößen und die sich in die Vorstellungswelt derer überträgt, die den sozialen Abstieg oder den Verlust ihrer Identität fürchten. Unter dem Eindruck eines eingebildeten Angriffs konstituiert sich die Subjektivität des Rechtsextremen nach dem Modell der Viktimisierung (Europa als Opfer der Muslime), und sein Wirklichkeitsbezug ist ganz auf den „islamischen Feind" gerichtet, den man mit allen Mitteln bekämpfen muss, um sich seine europäische (im Fall Breiviks norwegische) Identität zu bewahren. Gewalt ist fortan legitimes Mittel (das unterscheidet diese Identität von jener der überwiegenden Wählerschaft des Front National, die öffentlich nicht zu physischer Gewalt aufruft). Das moderne Leben macht diesen Wechsel der Ebenen innerhalb des Imaginären möglich. Der *Blanc* kann die Identität des *Petit Blanc* durch Selbstradikalisierung annehmen, also durch Selbstindoktrination, ohne sich selbst in der sozialen und ökonomischen Lage des marginalisierten und in prekären Verhältnissen lebenden *Petit Blanc* zu befinden. In der Vergangenheit konnte der bürgerliche Intellektuelle zum Fürsprecher des Proletariats werden, aber sein Bekenntnis zu ihm war rational begründet. Gegenwärtig kann man sich in das Universum des Anderen versetzen, dort verweilen und sich einrichten, ohne dass dieser Übergang etwas anderes als eine rein imaginäre Größe ist. Und der wahre oder falsche *Petit Blanc* kann andere *Blancs* verletzen oder ermorden, um Alarm zu schlagen und die Katastrophe zu verhüten, die er in seiner apokalyptischen Weltsicht durch den Verlust der europäischen Identität und die Unterwerfung unter den Islam heraufziehen sieht.

Rechtsextremismus oder Dschihadismus – beide Formen der Radikalisierung sorgen dafür, dass der *Petit Blanc* gleichsam wieder im Spiel ist. Die Anomie seiner prekären Situation wird durch die Zugehörigkeit zu einer Gruppe bekämpft, die ihn vor der Isolierung bewahrt und ihm vor allem seine Würde zurückgibt. Zumeist versinkt er freilich in stummer Verzweiflung und in einer Wut, die ihn von innen verzehrt, ohne sich in terroristischen Akten Bahn zu brechen.

Der radikale Islamist

Es ist das Zusammenwirken zweier Faktoren, das zur Radikalisierung führt: Die Lebensbedingungen im „Getto" (Lapeyronnie 2008) der französischen Vorstädte oder der *poor districts* Großbritanniens, gepaart mit einem Gefühl intensiver Dehumanisierung, durch das die Person zu der verzweifelten Überzeugung gelangt, alle Türen seien verschlossen und der Horizont ihrer Möglichkeiten sei unwiderruflich verbaut. Dieses Gefühl ist die subjektive Verschärfung einer bitteren Realität, in der soziale Vorurteile und mehr oder weniger diffuser Rassismus herrschen, die Ausgrenzung aber nicht so radikal ist, wie das viktimisierte Individuum sich das vorstellt. Immerhin gibt es zahlreiche Franzosen nordafrikanischer Herkunft, die in Frankreich ein erfolgreiches Leben führen, zu den Mittelschichten aufgeschlossen und den Teufelskreis von Verarmung, Kriminalität und Inhaftierung durchbrochen haben. Aber gleichwohl hält sich im Hinterkopf des radikalisierten Subjekts in Europa und ganz besonders in Frankreich hartnäckig das Phantasma, in einer geschlossenen Welt gefangen zu sein, in der es keine Hoffnung auf Entrinnen gibt. Solange dieses Gefühl nicht mit einer Ideologie verknüpft ist, führt es entweder zur Kriminalität (ein Ausweg, durch den man nicht nur auf die Gesetze einer Gesellschaft pfeift, die einem das Recht auf Würde raubt, sondern auch mit dem Konsumverhalten der Mittelschichten mithalten kann) oder zu düsterer Verzweiflung, die sich häufig in gesteigerter Aggressivität äußert. Im letzteren Fall reicht ein falscher Blick des *Blanc* aus, um eine völlig unverhältnismäßige Gewaltreaktion seitens des *Gris* hervorzurufen. Und wer Uniform trägt – Polizisten, Gendarmen, Kontrolleure des Pariser Nahverkehrs, selbst Feuerwehrleute – gilt ohnehin als Feind, weil ein Agent des Staats oder Symbol sozialen Erfolgs und geregelter Lebensführung. „Hass" nennen Jugendliche diese Mischung aus Verzweiflung, Groll und Ressentiment, Soziologen sprechen von „Wut" (Dubet 2008).

Aber erst durch ideologische Unterfütterung und Sakralisierung geht der Hass über bloße Aggressivität und Kriminalität hinaus, um sich zu radikalisieren. Der Radikalisierte will nicht mehr sich selbst aus der Patsche helfen, sondern den Islam und die Muslime retten, zu deren selbsternanntem Fürsprecher er wird – ein Ritter des Glaubens im Kampf gegen eine „gottlose" und „götzendienerische" Welt. Die Übertragung auf die religiöse Ebene fällt in Europa umso leichter, je weniger die fragliche Person den Islam kennt, je mehr ihre Unkenntnis eine Identifikation mit der Religion Allahs auf dem einen und einzigen Weg des Dschihad erleichtert. Die gewalttätige Spielart des Religiösen rechtfertigt den Krieg gegen eine soziale Ordnung, in der man sich nie wie die anderen gefühlt hat, stets herabgesetzt wurde – „wie ein Insekt", so ein Jugendlicher aus der Vorstadt –, zurückgestoßen von allen, die man nun selber zurückstößt in einer Form von Aggression, die zum integralen Bestandteil der eigenen Identität geworden ist.

Ein paar Beispiele mögen das veranschaulichen. In Großbritannien konvertieren in den antillischen Gemeinschaften Einzelne, mitunter auch ganze Gruppen von Jugendlichen zum Islam und bekennen sich zu einer kriegerischen Version der Religion Allahs. Zum Beispiel Abdullah al-Faisal (bekannt unter dem Namen Faisal al-Jamaikee, Faisal der Jamaikaner), der nach seiner Konversion die Rolle des selbsternannten Predigers übernommen hat. In seinen Predigten zitiert er Koranverse, aber auch Leitsätze Marcus Garveys, des jamaikanischen Führers, der die Vorherrschaft der Weißen angeprangert und die Rückkehr der Schwarzen in Afrika gepredigt hatte. Al-Faisal versucht die Schwarzen im Namen der islamischen Gerechtigkeit gegen die Ungerechtigkeit der Weißen, also jener Nichtmuslime zu mobilisieren, die Muslime und Schwarze unterdrücken. In manchen seiner Predigten ruft er zum Mord an Nichtmuslimen auf, was ihm 2003 eine Gefängnisstrafe eintrug (as-Salafi & al-Ashanti 2011; Baker 2011).

Symptomatisch ist auf seine Weise auch der Fall von Zacarias Moussaoui. 1968 in Frankreich als Sohn marokkanischer Eltern geboren, lebt er nach deren Scheidung bei seiner Mutter, die ihre vier Kinder im Bruch mit ihrer marokkanischen und islamischen Herkunft *à la française* erzieht, und sei es auch nur, um ihre Integration zu beschleunigen. Zacarias trinkt Alkohol, ist mit einem Mädchen algerienfranzösischer Herkunft zusammen und hat kein Problem damit, ab und zu Gras zu rauchen. Vom Islam hat er keine Ahnung. Nach dem Abitur beginnt er ein Fachhochschulstudium, das er 1990 abbricht. Anfang der 1990er Jahre durchlebt er eine Identitätskrise und macht sich auf die Suche nach seinen islamischen Wurzeln. Er besucht die Moschee von Montpellier und bricht 1992 nach London auf, um sein Englisch zu verbessern, nachdem er ein Vordiplom in Verwaltungswissenschaften an der Université Paul Valéry in Montpellier erworben hat. London – von Islamisten, wie erwähnt, gern Londonistan genannt – ist zum damaligen Zeitpunkt eines der Basislager für Islamisten, die von der Toleranz der englischen Regierung profitieren, um Beziehungen zu knüpfen und Pläne zu schmieden. Moussaoui wird beeinflusst von den Predigten Abu Hamzas, des Imams der Moschee in Finsbury Park, und Abu Qatadas. Er knüpft Beziehungen zu radikalen Islamisten, die zugleich affektiver und materieller

Natur sind (er wird finanziell von ihnen unterstützt) – in einem geopolitischen Kontext, in dem die Unbill, von der die islamische Welt heimgesucht wird – in Bosnien, Palästina und Algerien, wo der Bürgerkrieg wütet –, dem Westen und namentlich den Vereinigten Staaten zur Last gelegt wird. Er reist nach Afghanistan, wo er Khalid Cheikh Mohammed kennenlernt, den Kopf hinter den Attentaten vom 11. September 2001, wird aber ins Abseits geschoben, weil sein eigenartiger Charakter Misstrauen erregt. Als er im Februar 2001 in die Vereinigen Staaten reist, wo er sich mit finanzieller Unterstützung islamischer Extremisten für Flugstunden anmeldet, weckt dies den Verdacht der Behörden. Am 16. August des gleichen Jahres, vor dem Anschlag auf die Zwillingstürme, wird er verhaftet und im Mai 2006 schließlich zu lebenslanger Haft verurteilt. Für ihn kann sich der Islam als Heilmittel gegen seine Identitätskrise nur im offenen Krieg gegen den Westen, gegen die Heimat der Gottlosigkeit und der Unterdrückung, bewähren.

Mohammed Merah, der „Rollermörder", folgt mehr als ein Jahrzehnt später einem vergleichbaren ideologischen Muster. Im März 2012 tötet er in Toulouse und Montauban sieben Personen und verletzt sechs weitere. Unter seinen Opfern sind drei jüdische Kinder.

Ein Blick auf seine Familienverhältnisse erhellt (ohne unumstößliche Erklärungen zu liefern oder die Erstellung eines Profils zuzulassen) seine Disposition für den Bruch mit der Gesellschaft, auch die Abwesenheit jedes Moralgefühls gegenüber seinen Opfern, insbesondere den drei jüdischen Kindern, die er nach seinem Bekenntnis zum religiösen Extremismus kaltblütig getötet hat. Wie Moussaoui kommt Merah aus einer Einwandererfamilie, in der die Mutter alleinerziehend ist. Sein Vater hängt einer fanatischen, wenn nicht radikalen Religionsauffassung an, ähnlich wie seine Mutter, sein Onkel mütterlicherseits, Hamid, und ein Mentor, der wohl eine Rolle als Ideologe gespielt hat, ein Franko-Syrer, gegen den Abdelghani Merah, Mohammeds Bruder, in einem gemeinsam mit einem Journalisten verfassten Buch schwere Vorwürfe erhebt (Merah & Sifaoui 2012). Zu erwähnen sind auch der andere Bruder, Abdelkader, und eine seiner beiden Schwestern, Souad, die eine islamistische Auffassung ihrer Religion vertreten. Die Familie, die zwei Schwestern und drei Brüder zählt, ist zutiefst von der kriminellen Karriere ihrer Mitglieder geprägt. Der Vater kommt in Frankreich wegen Cannabishandels ins Gefängnis; Abdelkader wird vor seiner Volljährigkeit aufgrund von Gewaltdelikten und des Verdachts auf Rauschgifthandel festgenommen und verbüßt später eine Haftstrafe wegen einer Gewalttat gegen seinen älteren Bruder, der eine jüdische Frau geheiratet hat. Mohammed besucht salafistische Schulen in Kairo, wo er 2010 mit seiner Schwester den Koran studiert. Letztere wird von der ägyptischen Justiz wegen Meineids verfolgt. Erst mit einem Drogenhändler, dann mit einem Salafisten verheiratet, wird sie von den französischen Geheimdiensten als „Anhängerin des radikalen Islam" eingestuft.[28] Souad also hat sich 2002 in Ägypten aufgehalten, um den Islam zu studieren und Arabisch zu lernen, die Sprache des Korans. Sie bekennt sich zu einer radikalen Fassung des Islam, die ihr die Gewaltanwendung seitens der anderen Anhänger legitim erscheinen lässt, auch wenn sie selbst keine Gewalt einsetzt (in einer versteckt gefilmten Unterhaltung mit ihrem Bruder Abdelghani erklärt sie, stolz auf Mohammeds Taten zu sein). Seine Schwester Aïcha und sein Bruder Abdelghani sind keine Anhänger des radikalen Islam und fühlen sich den beiden Brüdern und der älteren Schwester entfremdet. Mohammed Merah, das jüngste Kind, wird in

---

[28] So bezeichnen die Geheimdienste mitunter Anhänger des fundamentalistischen Islam der Salafisten, die zwar die laizistische Gesellschaft ablehnen, aber sich nicht aktiv an Terrorakten beteiligen.

eine entzweite Familie hineingeboren, in der ein Klima der ehelichen Gewalt und der religiös motivierten Intoleranz herrscht. Seine Mutter lässt ihn häufig allein. Mit sechs Jahren kommt er zunächst in eine Pflegefamilie, dann in ein Heim. Labil, traurig, von Gewaltkrisen heimgesucht, scheitert Mohammed in der Schule. Häufig wird er von seinem Bruder behelligt und Opfer seiner gewalttätigen Übergriffe. Er selbst setzt immer wieder Gewalt gegen jeden ein, der sich der Verwirklichung seiner Wünsche in den Weg stellt. 2002 schlägt er eine Sozialhelferin ins Gesicht, weil er das Wochenende nicht zu Hause verbringen darf. Er belästigt Mädchen, greift seine Erzieher an, stiehlt und beleidigt. Selbst seine Mutter klagt über seine Gewalttätigkeit. Er begeht eine Straftat nach der anderen und bringt es auf 14 Verurteilungen, bevor er volljährig ist. Dann schließt er sich einer Bande an, die mit einem gestohlenen SUV ein „Homejacking", einen Autodiebstahl in Verbindung mit einem Einbruch, organisiert. Mit Tempo 180 entkommt er der Polizei, nicht ohne ein Polizeifahrzeug gerammt zu haben. Ein Unteroffizier und ein freiwilliger Reservisten werden verletzt.[29] Mohammed ist stolz, weil die Verfolgungsjagd im Fernsehen gezeigt wird. Für ihn hat Gewalt drei Dimensionen: eine wirkliche Dimension, die er im Verhältnis zu anderen auslebt, gegen die er sie im Zuge seiner doppelten – dschihadistischen und kriminellen – Gewaltbereitschaft ohne die leisesten Gewissensbisse

---

[29] „Exclusif – Transcription des conversations entre Mohamed Merah et les négociateurs", *Libération*, 17. Juli 2012 [online], http://www.liberation.fr/societe/2012/07/17/transcription-des-conversations-entre-mohamed-merah-et-les-negociateurs_833784; Oster, Adrien, „Un livre et une enquète diffusée sur M6 révèlent les questions soulevées par Abdelghani Merah, frère de Mohamed", *Le Huffington Post*, 10. November 2012 [online], http://www.huffingtonpost.fr/2012/11/09/mohamed-abdelghani-abdelkader-souad-merah-frere-terroriste-enquete-exclusive_n_2098875.html.

einsetzt; eine symbolische Dimension, die er in seinen Phantasien auslebt, in gewalttätigen Videospielen und durch den Konsum von Filmen wie *Faster* von 2011 oder jene Kriegs- und Zerstörungsfilme, die ihn so faszinieren; und schließlich eine ekstatische Dimension, die ihn berauscht, ihn seine Todesangst vergessen lässt und jedes schlechte Gewissen auslöscht. Als Anhänger eines radikalen Islam, der den Märtyrertod als Garantie ewigen Glücks im Jenseits feiert, wird er unempfindlich gegen die Todesgefahr. Dass er bei jener Verfolgungsjagd der Polizei entkommt, erscheint ihm als göttlichem Beistand geschuldet. Seine Unternehmungen sind fortan zugleich heilige Mission und Abenteuer, in dem sein begeistertes Ich sich als „negativer Held" (siehe unten) über sich selbst erhebt. Diese letztere Dimension erzeugt bei ihm eine Subkultur der Gewalt, die ihm die Brutalität „natürlich" erscheinen lässt und jeden Sozialvertrag, der auf Abwesenheit physischer Gewalt gegenüber Mitbürgern beruht, außer Kraft setzt. Die ekstatische Dimension wird durch selbstgedrehte Videos narzisstisch gesteigert. Bei seinen Verbrechen trägt er die ganze Zeit über eine *GoPro*-Kamera um den Hals. Die Filme schickt er an „Al Jazeera", um sie der Weltöffentlichkeit vorzuführen (der Sender weigert sich, sie auszustrahlen). Das Bild ist integraler Bestandteil nicht nur des Verbrechens selbst, sondern auch der Identität dessen, der in die Haut des Mudschaheddin schlüpft, der in den Dschihad zieht und tötet, um den Islam zu retten. Es dient der Glorifizierung des negativen Helden, der in seinem eigenen Ansehen umso mehr steigt, je größer der Hass ist, den er der Gesellschaft einflößt.

Merah hat eine ganze Reihe von Ländern bereist, neben Pakistan auch Ägypten, Syrien, den Libanon, Jordanien, Tadschikistan, Afghanistan … Er hat versucht, mit al-Qaida Kontakt aufzunehmen und zwischen September 2010 und Februar 2011 offenbar 186 SMS in zahlreichen Ländern verschickt.[30] Seine eher dürftigen Arabischkenntnisse und das Misstrauen der Organisiationen, denen er sich anschließen wollte, hat ihn genötigt, zumindest bei den von ihm verübten Morden im Alleingang zu handeln. Gruppen wie Forsana Alizza haben ihn gewiss beeinflusst, aber seine Gewalttaten hat er allein begangen.

Was Merah, Moussaoui und einige andere gemeinsam haben, ist eine zerrüttete Familie, eine Häufung realer und imaginärer Kränkungen, die sie der Gesellschaft zum Vorwurf machen, die Entschlossenheit, durch Delinquenz mit ihr zu brechen, und schließlich eine tiefe Empfindung sozialer Ungerechtigkeit, die dadurch verschärft wird, dass ihnen eine Identität abgesprochen wird (weder Franzose noch Araber). Die dschihadistische Radikalisierung wird daher als ein Ausweg erfahren, den Würdeverlust zu überwinden und Halt im Sakralen zu finden. Dieser Typus von Identität ist antisozial und führt zur Rechtfertigung absoluter Gewalt gegen andere vermöge des eigenen Opferstatus (ich bin das absolute Opfer einer Gesellschaft, die mich völlig ausgeschlossen hat, und mich dadurch aller moralischen Rücksichten ihr gegenüber entbindet).

Der viktimisierte Jugendliche

In Europa und insbesondere in Frankreich ist die massive Präsenz von Muslimen mit den Bemühungen verbunden, den alten Kontinent seit Beginn der 1960er Jahre zu industrialisieren. Der Bedarf an nichtspezialisierten

---

[30] „Nouvelles révélations: Merah n'était pas un ‚loup solitaire'", *La Dépêche.fr*, 23. August 2012 [online], http://www.ladepeche.fr/article/2012/08/23/1424173-nouvelles-revelations-merah-n-etait-pas-un-loup-solitaire.html.

Arbeitskräften, um die wirtschaftliche Entfaltung des von zwei Kriegen zermürbten Landes zu sichern, nötigte die Regierungen, die Immigration zu fördern. Die verschiedenen europäischen Länder haben sich naturgemäß an ihre (Ex-)Kolonien oder die Nachbarländer gehalten, um die nötigen Arbeitskräfte zu finden: Nordafrika für Frankreich, Indien und Pakistan für Großbritannien, und beispielsweise die Türkei für Deutschland. Und ein großer Teil dieser Arbeitskräfte war muslimischen Glaubens. Obwohl sie die Nationalität des Gastlands der Eltern angenommen haben, leben die nicht wenige Kinder und Enkel dieser nichtspezialisierten Arbeitskräfte unter Bedingungen bitterer Armut, ja sozialer Exklusion. Einem Teil dieser Generation mag es gelungen sein, zu den Mittelschichten aufzuschließen und sich wirtschaftlich zu integrieren. Aber ein anderer, bedeutender Teil lebt nicht allein in prekären Verhältnissen: Wer ihm angehört, wird auch nicht als vollwertiger Bürger anerkannt – Spitznamen wie „Paki", „Araber" oder „Bougnoule" lassen daran wenig Zweifel. Es sind vor allem die Männer, die von diesem Phänomen betroffen sind (Frauen werden, solange sie keinen Schleier tragen, in Frankreich sehr viel eher akzeptiert), das eine Reihe von negativen Begleiterscheinungen hat, etwa eine Arbeitslosenquote, die sehr viel höher ist als in der übrigen Gesellschaft, die Konzentration in schlecht angesehenen Vierteln, in denen es erhebliche soziale Segregation gibt und der Lebensstandard weit unter dem nationalen Durchschnitt liegt, während die Kriminalitätsrate höher und das Bildungsniveau wiederum niedriger ist.

Für das Leben dieser Jugendlichen, die den größten Teil ihres täglichen Lebens auf der Straße vor ihren Häusern verbringen oder die in die Kriminalität abtauchen, hat sich in den 1980er Jahren die Bezeichnung *la galère*, „das Dahintreiben", eingebürgert. Damit ist das Abrutschen der arbeitslosen Jugendlichen in die Straffälligkeit und eine Mentalität gemeint, in der das Ende der industriellen Gesellschaft und die soziale Deinstitutionalisierung spürbar werden (Dubet 2008). In Großbritannien mag der Ausdruck *street life* für diese Realität einstehen. Junge Akteure mit einem solchen Lebensstil teilen die Devianz, das Fehlen einer sozialen Perspektive, die physische Gewalt und die Überzeugung, dass die Mittelschichten (der *Blanc* oder, genauer, das sozial und wirtschaftlich integrierte Individuum) einen Status genießen, der ihnen selbst verwehrt bleibt.

Ein Teil der Jugendlichen in diesen Vierteln führt ein Dasein, das sich in dem Maße jeder Zukunft beraubt sieht, in dem ihre wirtschaftliche Integration in die Gesamtgesellschaft sich als Trug erwiesen hat. Diese Verfassung, die wir „Viktimisierung" nennen, bietet ein zutiefst pessimistisches Bild von der sozialen Existenz der ausgegrenzten Klassen, eine Existenz, die bei Jugendlichen aus Einwandererfamilien zudem vom Gefühl der Ablehnung ihrer „arabischen" Identität geprägt ist. Der Islam übernimmt eine identitätsstiftende Funktion zum Teil sogar für Jugendliche, die gar keine praktizierenden Muslime sind, weil er die symbolische Überwindung des doppelten Mangels derer ist, die weder als Franzosen noch als Araber anerkannt werden (oder weder als Engländer noch als Pakistanis im Fall der Jugendlichen pakistanischer Herkunft in Großbritannien). Die neuerworbene Identität als „Muslim" befreit davon, französisch oder arabisch sein zu müssen. Durch diese identitätsstiftende Kraft gibt der Islam einer Existenz Sinn, die durch jenen doppelten Mangel zerrieben und immer wieder auf ein doppeltes Unvermögen zurückgeworfen wird: Dem Jugendlichen nordafrikanischer Herkunft wird das Vermögen abgesprochen, die französische Identität anzunehmen, weil er im Grunde „Araber" ist, aber „Araber" ist er wiederum nur in einem privativen Sinne, weil er nicht Arabisch spricht (er kennt häufig ein paar arabische Schimpfwörter und versteht notdürftig die arabischen Dialekte) und im Land seiner Eltern oder Großeltern als Fremder behandelt wird. Durch die Identifizierung mit dem Islam gewinnt er eine Existenzberechtigung. Manche vertiefen ihre Kenntnisse der Religion Allahs und heiraten passend zur neuen Identität, aber die meisten von ihnen wissen nicht allzu viel über die Religion, auf die sie ihre Identität gründen wollen.

Die Viktimisierung geht Hand in Hand mit einer tiefen Verzweiflung des Individuums über seine gesellschaftliche Stellung. Gewiss hat es in Europa und namentlich in Frankreich ein „Mohamed", der sozialen Vorurteilen und mitunter rassistischen Stereotypen begegnet, sehr viel schwerer, sich als vollwertiger Bürger ins Berufsleben und ins soziale Netz zu integrieren, als ein „Robert". Dennoch sind nicht alle Türen verschlossen. Einem Teil dieser Jugend gelingt es durchaus, ein Hochschulstudium zu absolvieren und zu den Mittelschichten in den „normalen" Stadtvierteln aufzuschließen. Wer es geschafft hat, versucht in der Anonymität zu verschwinden, vermeidet es tunlichst, an seine Herkunft zu erinnern, und bricht vor allem den Kontakt mit denen ab, die es nicht geschafft haben, aus den marginalisierten Vierteln herauszukommen.

Das Gefühl der Viktimisierung wird gespeist aus einer bewegten Geschichte, vor allem im Fall der Algerier, die in Frankreich die Mehrheit der Migranten aus Nordafrika ausmachen: Der Unabhängigkeitskrieg, die Harkis und ihr tragisches Schicksal, das Ressentiment der Millionen von *pieds noirs*, der „Schwarzfüße" genannten Algerienfranzosen, die gezwungen wurden, aus Algerien zu fliehen und ein paar Jahre später denen gegenüberstanden, die ihnen das Recht genommen hatten, in dem Land zu leben, das sie als ihre Heimat betrachteten. Der Rassismus und das Unverständnis, das den Maghrebinern entgegenschlägt, nähren sich von dieser Geschichte, die keinen glücklichen Ausgang hat, anders als in Südafrika, wo die nationale Versöhnung gelang, ausgehend von Instanzen, die eigens geschaffen wurden, um die Wut und das Ressentiment zu überwinden. Die Jugendlichen der dritten Generation, die diesem Gefühl der Viktimisierung ausgesetzt sind, stehen vor vier Wahlmöglichkeiten:

Der Wille, in der Mittelschicht aufzugehen, und seine Folgen für die Ausgeschlossenen

Die erste Wahlmöglichkeit besteht darin, sich für den harten und dornigen Weg der sozialen und wirtschaftlichen Integration zu entscheiden, auf dem man gegen Vorurteile und Ablehnung kämpfen muss, indem man ein Studium beginnt oder eine Anstellung sucht, für die man seine ganze Kraft aufbietet. Das ist ein Weg, die Viktimisierung zu überwinden und einen nüchterneren Blick auf die Gesellschaft zu werfen, indem man lernt, den Stereotypen nicht durch gesteigerte Aggressivität zu begegnen, sondern durch ein Verhalten, das Geschmeidigkeit und Anpassungsfähigkeit kombiniert und den „Hass" nicht zu seinem Grundantrieb macht. Man muss seinen Akzent ablegen, muss aufhören zu brüllen, wie man es mit den Kumpels in einer Art Wortgefecht zu tun pflegt, in der jeder den anderen zu übertönen versucht und die lauteste Stimme die männlichste ist, und man muss sein Auftreten ändern, den Slang der Vorstädte aufgeben und sich eine neutrale Sprache zulegen. Vor allem muss man den aggressiven Ton und die einsilbigen Sätze vermeiden, um ein Französisch zu sprechen, das weniger nach Banlieue klingt. Auch muss man sich disziplinieren und lernen, pünktlicher und „zuverlässiger" zu sein als der durchschnittliche Franzose, um sich durch ein symbolisches Lösegeld von seiner arabischen Herkunft freizukaufen. All das ist alles andere als leicht und gelingt oft denen, die in strukturierten Familien aufgewachsen sind, in denen der Vater die Mutter nicht mit der Erziehung der

Kinder alleingelassen und darüber gewacht hat, dass sie sich in der Schule anstrengen. Die in den „schwierigen" Vierteln so häufige Familie mit alleinerziehendem Elternteil ist ein schweres Handicap, das zu überwinden manchen dank eines Lehrers oder durch Teilnahme am Vereinsleben gelingt, während andere in ihrer Fähigkeit zur Distanzierung die Kraft finden, ihren Hass auf eine ungerechte Gesellschaft und ein undankbares Umfeld zu überwinden und den Verlockungen der Kriminalität nicht zu erliegen.

Wer es geschafft hat, sich in die Mittelschicht hochzuarbeiten, hat häufig nur einen Gedanken: ein möglichst anonymes Leben in der Stadt führen, die Vergangenheit hinter sich lassen, einen Schlussstrich unter die alten Freundschaften und Bekanntschaften ziehen, die an das Eingeschlossensein im „Getto" und die gesellschaftliche Absonderung erinnern. Dieses Vergessen der „schlechten Viertel" eröffnet den Entronnenen neue Möglichkeiten, aber es schwächt auch die verlassenen Viertel, die nicht mehr auf sie zählen können. Der Erfolg wird, anders gesagt, individualisiert, während das Elend der Exklusion und der Kriminalität „kollektiviert" wird und dem Viertel seinen Stempel aufdrückt. Es hat einen schlechten Ruf, und wer dort lebt, diskreditiert sich in den Augen potenzieller Arbeitgeber. Die Schule ist oft mittelmäßig (die Erfolgsquote bei Prüfungen ist gering und die Mittelschicht versucht, ihre Kinder anderswo in die Schule zu schicken), die Arbeitslosigkeit sehr hoch, die Jugendlichen stehen spät auf, um mit den immer gleichen Kumpels rumzuhängen, und Kleinkriminalität wie Schwerkriminalität haben die besten Rekrutierungschancen.

In diesem Typ von Sozialisation durch den *hittisme*[31] und *trabendisme*[32] auf der Straße, wie er für die männlichen

[31] Vgl. S. 74, Anm. 12.

[32] Vgl. S. 74, Anm. 13.

Jugendlichen grundlegend ist,[33] kommen sie häufig mit neuen Formen des Islam in Berührung, unter ihnen der Salafismus, rigoristisch und ultraorthodox, innerhalb dessen sich eine sektiererische Form der Sozialität entwickelt, die es erlaubt, den Bruch mit der Gesellschaft als einen nicht bloß erlittenen, sondern gewählten zu erfahren. Tatsächlich betrachten die Jugendlichen, die sich mit Dealen und Diebstählen über Wasser halten, ihre kriminelle Lebensform (in den Armenvierteln in Großbritannien mitunter *steaming* genannt) häufig als unausweichlich und sind überzeugt, dass sie gar keine andere Möglichkeit haben, es zu etwas zu bringen und wenigstens dem Konsum nach zu den Mittelschichten aufzuschließen. Die Islamisierung erscheint als individuelle Wahl, ein neues Lebensmodell, durch das man sich von Familie und Umgebung absetzt. Da man in anderen Hinsichten der Wahlmöglichkeiten beraubt ist, wird das Religiöse zum Medium der Individuation. Das Paradox besteht darin, dass diese im Fall des Salafismus auf eine sektiererische Lebensweise hinausläuft, die der Individualität, die darin ihren Ausdruck finden will, diametral entgegengesetzt ist. Sosehr die Radikalisierung sich im Namen des Religiösen vollzieht, sosehr birgt sie auch die individuelle Dimension eines Bruchs mit dem Lauf des Schicksals (*mektoub*), wie er von den Jugendlichen erfahren wird. Auch der Tod wird in der Radikalisierung zum Angelpunkt der Behauptung individueller Freiheit. Eine Entscheidung für den islamischen Extremismus zu treffen heißt, der Unausweichlichkeit eines Schicksals zu entfliehen, über das die anderen, das Viertel, die Gesellschaft jeweils schon entschieden

[33] Die jungen Frauen leben in der Mehrzahl anders. Gewiss gibt es eine kleine straffällige Minderheit, die das männliche Modell nachzuahmen versucht – sei es auch nur, um wirtschaftlich unabhängig von der Familie zu sein und zum Konsumstandard der Mittelschicht aufzuschließen. Aber in den meisten Fällen werden die jungen Frauen durch ihre stärkere Beaufsichtigung von der Devianz abgehalten und kommen aufgrund besserer schulischer Leistungen eher als ihre Brüder in Beschäftigungsverhältnisse.

haben. Der neue unerschütterliche Glaube befreit das Individuum vom Joch dessen, was es stets als vorgezeichneten Weg empfunden hat – und die Kriminalität dient nun jenseits aller Gewinnsucht der Finanzierung des Heiligen Krieges.

Die Kriminalität, der Hass und seine Sakralisierung

Der zweite Weg besteht darin, sich willentlich oder unter dem Druck der Verhältnisse für eine kriminelle Karriere zu entscheiden, die einen Lebensstandard ermöglicht, der weit über dem der Umgebung liegt. In diesem Fall bestimmen das Sich-Bewegen in den devianten Milieus der Vorstädte und die Gewalt gegenüber der Polizei, aber auch gegenüber den anderen Kriminellen eine Existenzweise, die zwischen dem Gefängnis und einem Konsumismus oszilliert, der durch die Erträge aus Rauschgifthandel, Diebstahl und anderen Geschäftszweigen der Untergrundwirtschaft möglich wird. Dieser Weg ist mit Abstand der gangbarste für die männlichen Jugendlichen, die auf der Straße herumlungern, spät aufstehen und spät ins Bett gehen, mit den Kumpels aus dem Viertel herumziehen und lange Stunden miteinander verbringen, um in einer von Aggressivität und dem Willen zur Selbstbehauptung geprägten Bruderschaft die Hoffnung zu teilen, durch den Zauber der Devianz der Armut zu entkommen. Mehr oder weniger instabile Gruppen entstehen, deren Mitglieder sich durch Aggressivität und Bandengeist behaupten. Vor allem die älteren Brüder machen sich die Strafunmündigkeit der jüngeren zunutze, um sie als Drogenverkäufer einzusetzen oder Wache schieben zu lassen und ihnen eine glänzende Zukunft auszumalen, mit dicken Autos, Markenschuhen und einem verschwenderischen Lebensstil, der es einem ermöglicht, die Kumpels in mehr oder weniger angesagte Restaurants einzuladen und, vor allem, den anderen Familienmitgliedern unter die Arme zu greifen, namentlich den Eltern, damit sie sich ein Haus kaufen können. Kriminalität ist ein Versuch, die schlecht bezahlte Arbeit zu umgehen, um direkt den Status der Mittelschicht zu erlangen, einer Gesellschaft zum Trotz, von der man gehasst wird und die man selbst hasst, in fast perfekter Gegenseitigkeit. Der Wille, ein Leben wie die wohlhabenden Klassen zu führen, ist daher seinerseits beseelt vom Verlangen nach Rache an einer Gesellschaft (und deren Behörden und staatlichen Stellen), in der man sich stets unerwünscht und verachtet gefühlt hat. Die Kriminalität verleiht dem Hass auf die Gesellschaft auf eine nichtideologischen Weise Ausdruck, die einer egoistischen Logik gehorcht: Man macht keine Anstalten, die Welt zu verändern, sondern versucht nur unter Missachtung der Gesetze, die einem den Status der Reichen verwehren, das eigene Schicksal zu wenden. Der Kriminelle bricht nicht bloß das Gesetz, er ärgert auch die „Anständigen", die selber nur Kleinverdiener sind, ihm aber Normen aufzwingen wollen, die ihn zur Bedeutungslosigkeit verurteilen und ihm den Weg zum Konsum versperren. Es ist etwas Provokatives an diesem Verhalten, aber die Übertretung bleibt doch an den Willen geknüpft, die eigenen Lebensumstände zu verbessern, koste es, was es wolle.

Die Einnahme der Opferrolle hat eine weitere Konsequenz. Wer narzisstisch mit dem eigenen Leid beschäftigt ist, wird unempfindlich gegen das der anderen. Die Viktimisierung bietet daher eine Rechtfertigung der Gewalt, indem sie dem Individuum die Schuldfähigkeit abspricht. In einer Gesellschaft, in der man vor verschlossenen Türen steht, ist es auch legitim, sich an ihren Mitgliedern zu rächen, und bleibt für Schuld und Gewissensbisse kein Raum.

Ein weiterer Schritt ist getan, wenn der durch Viktimisierung erzeugte Hass auf die Gesellschaft durch die Islamisierung sakralisiert wird. Der Islam bringt eine mythische Kontinuität im Verhältnis zu den Eltern zum Ausdruck, er wird idealisiert und selbst von denen, die ihn nie praktiziert haben, als eine Möglichkeit erfahren, die eigene Würde zu wahren in einer Gesellschaft, die ihnen die nationale Zugehörigkeit verweigert. Damit wird er zum zentralen Bezugspunkt, zum Inbegriff des Unbefleckten und Heiligen. Nicht nur, weil er religiöser Natur, sondern auch, weil er nichtfranzösisch, nichtenglisch ist, kurzum: nicht beschmutzt durch eine Zivilisation, die als Quelle allen Übels gilt, weil sie seit jeher antiislamisch war. Gegenüber einer feindlichen Welt, in der man als Individuum und Muslim unterdrückt wird, kann es kein Erbarmen mehr geben. Der radikale Islamismus sorgt für ein gutes Gewissen, für die Abwesenheit jeden Schuldgefühls sogar angesichts der schlimmsten Gewalttaten. Man darf ohne Gewissensbisse töten: Was den Muslimen angetan wurde, rechtfertigt es, Rache an jedem Bürger zu nehmen, der die eigenen Ansichten nicht teilt, ob Christ, Jude oder Muslim. Das war der Fall bei Zacarias Moussaoui oder Mohammed Merah. Ist man einmal radikalisiert, ermächtigt der mythifizierte Islam zur Ausweitung der Gewalt auf die gesamte Menschheit. Auch ohne den Dschihadismus setzt der viktimisierte Jugendliche ohne Gewissensbisse Gewalt gegen jeden ein, der ihm auf seinem Weg in die Devianz in die Quere kommt. Aber nachdem er dem religiösen Extremismus verfallen ist, wird die Gewalt zum Königsweg der Selbstverwirklichung als Ritter des Glaubens im Kampf gegen eine gottlose Welt. Die Radikalisierung durch das Religiöse autorisiert die grenzenlose Gewalt im Namen der Reinheit eines Glaubens, dessen Verwirklichung die Elimination des Anderen als Inbegriff des Unglaubens voraussetzt.

Der sektiererische Weg

Der dritte Weg besteht darin, das „innere Exil" zu wählen. Durch das Bekenntnis zu identitätsstiftenden Formen des Islam, die inneren Frieden um den Preis der Abschottung innerhalb eines mehr oder weniger sektiererischen Universums versprechen, zieht man sich aus der Gesellschaft zurück.

Man wird Salafist oder, seltener, schließt sich den Tablighi Jamaat an, bricht alle Brücken zur Welt ab und straft die Konsumgesellschaft mit Verachtung, um einzig seinen Glauben zu leben, fernab einer verderbten Welt, die den Tod verleugnet und die Frömmigkeit nicht kennt, die sich frivolen Formen des Konsumismus und sexuellen Perversionen hingibt, als finde das Leben seine Bestimmung hienieden, als gebe es weder Gott noch Teufel, weder Paradies noch Hölle. In diesem Fall verwandelt sich der Hass auf die Gesellschaft in das Gefühl innerer geistiger Überlegenheit des „Erwählten" gegenüber denen, die sklavisch den Verlockungen dieser materiellen Welt verfallen sind. Hier wird die Gewalt ausgetrieben durch einen Wechsel der Bezugsgruppe: nicht mehr die Gesellschaft mit ihren Normen, sondern der geschlossene Kreis mit seinen Verboten. Neue Formen gesellschaftlichen Zusammenlebens entstehen. Man heiratet möglichst innerhalb der Gruppe, die Frau akzeptiert ihre Ungleichbehandlung im Namen des mit dem Mann geteilten Glaubens an Allah. Die Gläubigen wetteifern darin, die Sprache des Propheten zu lernen und die Suren des Korans auswendig zu lernen, die sie, nicht ohne Effekthascherei, gerne auf Arabisch zitieren, um im Ansehen anderer Muslime zu steigen, die Zweifel an der Echtheit ihres Glaubens hegen mögen. Vor allem ist es ihnen darum zu tun, die von Generationen von Überlieferern aufgezeichneten Aussprüche des Propheten (*hadith*) in die Tat umzusetzen, um sich vor den Neulingen oder vor denen zu rechtfertigen, die sie eines Konsumismus verdächtigen, der bloß exotisch angehaucht sei. Man überbietet sich in Frömmigkeit, indem man alles zu regeln versucht, noch das kleinste Detail des täglichen Lebens, zu dem sich eine Stelle im Koran oder ein *hadith* findet, die ein bestimmtes Verhalten vorschreiben. Der Alltag, zuvor destrukturiert und beängstigend, verwandelt sich in einen geordneten und geregelten Ablauf, das fünfmalige Gebet bietet Halt, und die religiösen Vorschriften, die bis zu Verhaltensregeln bei der Intimpflege reichen, werden Orientierungspunkte. Diese sind eine Stütze, wenn man arbeitslos ist und es an den sozialen Regeln fehlt, die sich aus der Integration in die Arbeitswelt ergeben, oder wenn man unter so prekären Lebensumständen leben muss, dass man sich aus der Welt gefallen fühlt. Die Integration in die geschlossene Gruppe geht mit einer Fülle von Normen und Vorschriften einher, sie verleiht dem Leben sakrale Bedeutung – einem Leben, dessen Rhythmus fortan von täglichen Gebeten und Verboten bestimmt ist, deren Verletzung nicht illegal, sondern gottlos ist. Das Leben öffnet sich auf ein Leben nach dem Tod, und die Hauptsorge besteht nun darin, sich durch gottgefälliges Verhalten im Diesseits eine glückliche Zukunft im Jenseits zu sichern. Die Zugehörigkeit zu einer Welt von „Erwählten" verhindert in der überwältigenden Mehrheit der Fälle den Übergang zur Gewalt. Man versucht nicht, die gottlose Welt zu verändern, in der man lebt, man will allenfalls, wie einst der Prophet von Mekka nach Medina, in islamische Länder emigrieren, in denen man ohne jene soziale Ächtung, auf die der Islam in Frankreich trifft, seinen Glauben leben kann: Vollbart, die Dschellaba, den Kameez und als Frau den streng vorgeschriebenen Schleier tragen, in der Öffentlichkeit beten, ohne des Fundamentalismus bezichtigt zu werden, ein frommes Leben führen, ohne mit Bildern nackter Frauen und sexueller Promiskuität, zumal unter gleichgeschlechtlichen Partnern, konfrontiert zu werden, seine Kinder vor Alkohol und Drogen schützen, kurzum: den Idealen einer islamischen Orthodoxie gemäß leben, was auf ungläubigem Boden mehr als schwierig ist. Aber grundsätzlich fühlen sich die Fundamentalisten, Tablighi oder Salafisten, als Mitglieder einer religiösen Elite, die abseits der Gesellschaft ihren Glauben lebt, durchaus wohl in ihrer Haut. Und in ihrer überwältigenden Mehrheit suchen sie nicht den bewaffneten Kampf gegen den ungläubigen Westen, in dem sie nur leben, weil sie sich nicht in islamischen Ländern niederlassen können.

Die heilige Gewalt und der Status des negativen Helden

Der vierte Weg, den viktimisierte Jugendliche einschlagen können, ist, im Namen des gebieterischen Anspruchs ihres Glaubens Krieg gegen Frankreich (oder, allgemeiner, den Westen) zu führen. Diesmal erschöpft sich der Bruch mit der Gesellschaft nicht darin, sich einer sektiererischen Variante des Islam anzuschließen und sich durch einen symbolischen Panzer von der Außenwelt abzuschotten. Er besteht diesmal in einer heiligen Gewalt, deren kategorischer Imperativ der Krieg gegen den Westen ist. Die Gesellschaft ist bis in ihre Grundfesten verrottet, und es gibt kein individuelles Heil ohne gewaltsamen Kampf gegen sie, um die Muslime zu retten und sie nicht länger durch eine säkularisierte Auffassung zu verderben, die Gott zugunsten der Volkssouveränität seine Befehlsgewalt abspricht. Aus diesem Blickwinkel besteht die demokratische Idolatrie darin, ein durch Manipulation perverser Eliten verblendetes, vom Glauben abgefallenes Volk an die Stelle Gottes zu setzen. Allein die heilige Gewalt bietet einen Ausweg aus der Viktimisierung. Um ihr zu entrinnen, gibt es keine individuelle Strategie; und jede Haltung, die sich um den Heiligen Krieg drücken will, ist nichtig. Zunächst muss sich der Jugendliche freilich davon überzeugen, dass der wahre Islam Gewalt predigt und dieser Weg der einzig legitime, also jeder andere ausgeschlossen ist. Dafür stehen ihm zwei kostbare Quellen zur Verfügung: das Internet, in dem er ideologische Dokumente findet, die den Weg des Dschihad rechtfertigen; und der Kreis der anderen Jugendlichen, die in mehr oder weniger geheimen Vereinigungen die „heilige Gewalt" als einziges Heilmittel gegen die Übel preisen, unter denen die Muslime leiden ebenso wie eine

Menschheit, die von jenen illegitimen Mächten des Bösen, deren Inkarnation die Kreuzritter und ihre Weltherrschaft sind, als Geisel genommen wurden.

Im Internet finden Jugendliche eine überbordende Fülle von Schriften und Videos der führenden Köpfe des zeitgenössischen Dschihadismus, eines Dutzends radikaler arabischer Ideologen,[34] unterstützt von zahlreichen „kleinen Intellektuellen", die als Verstärker dienen und deren Botschaften weitertragen, aber auch vulgarisieren, um sie Anhängern verständlich zu machen, die mit den verschlungenen Wegen der muslimischen Theologie und Rechtslehre wenig vertraut sind. Die einschlägige Literatur, die fast vollständig ins Englische (teilweise auch ins Französische) übersetzt ist, ist auf verschiedenen dschihadistischen Websites zu finden, die zwar von den westlichen Sicherheitsorganen überwacht werden, aber nicht verboten sind, da Indoktrination nicht als Straftat gilt.

Um einen Teil (tatsächlich eine sehr kleine Minderheit) der Jugend mit Migrationshintergrund, aber auch Konvertiten dazu zu bringen, sich mit dieser Art Ideologie zu identifizieren, braucht es freilich noch andere Ingredienzien. Manche Jugendliche finden eine Art Ausweg aus der Viktimisierung in der Vorstellung, eine unüberwindliche Feindschaft zwischen der islamischen Welt und dem Westen sei dafür verantwortlich, dass der Horizont ihrer Zukunft versperrt ist und Muslime drangsaliert werden. Im Alltag werden Muslime, so sagen sie, stigmatisiert und an der Ausübung ihres Glaubens gehindert (Verbot des Hidschab, Ablehnung islamischer Normen, Feldzug des Laizismus). Ein zugleich antiimperialistischer und antilaizistischer Diskurs, verbunden mit einer patriarchalischen Phantasie (die Differenz von Mann und Frau muss im Namen des wahren Glaubens wieder in ihre Rechte eingesetzt werden), bildet

[34] Die Liste dieser Ideologen und die Beschreibung ihrer Ideen findet sich in Khosrokhavar (2009, 2011).

die Substanz des neuen religiösen Extremismus. Um vor einer Jugend zu bestehen, die in ihrer Mehrheit sozial ausgeschlossen und wirtschaftlich benachteiligt ist, muss diese Vision freilich mit dem Versprechen individuellen Aufstiegs einhergehen. Das ist es, was der Status des „negativen Helden" leistet. Der viktimisierte Jugendliche ist vor allem jemand, der glaubt, alles versucht zu haben, um sich aus der sozialen Bedeutungslosigkeit zu befreien. Daher ist es nicht mehr sein Fortkommen innerhalb der Gesellschaft, was ihn mobilisiert, sondern die universale Anerkennung des Krieges, den er gegen sie führt. Er strebt nicht mehr positiv nach sozialer Integration, sondern nach einer Art negativer, durch Erzeugung von Angst erworbener Anerkennung. Die Bürger sollen ihn fürchten, statt ihn positiv zu achten, oder genauer: Sie sollen ihn fürchten, um ihm als einer Bedrohung, einer „Geißel" negativen Respekt zu zollen. Da er nicht mehr glaubt, ein „positiver Held" werden zu können, sieht er sich zur Bedeutungslosigkeit verurteilt und damit zu einem Alltag, der ihm keinerlei Möglichkeit der Selbstverwirklichung bietet. Hätte er dagegen als Dschihadist einmal eine aufsehenerregende Tat verübt, würde er von heute auf morgen den Status eines beneideten Stars von internationaler Berühmtheit erringen. Dass man ihn in negativen Begriffen beschreiben, ihn als Fanatiker brandmarken und hassen wird, macht ihm nichts aus: Er ist aus der Bedeutungslosigkeit herausgetreten, er ist berühmt, er ist jemand, der zählt und über den niemand hinwegsehen kann. Er ist stolz darauf, Angst einzuflößen (wie Merah, vgl. seine Biographie, S. 128-132). Er ist der Racheengel, der das Schwert des Islam gegen die Feinde schwingt und durch seine Gewalt symbolisch das Gleichgewicht wiederherstellt, das lange schon zugunsten des Westens verloren ging. Die Gewalt, zu der er greift, bringt Verdammnis über die Feinde, auf die die Hölle wartet, und Erlösung für den, der möglichst viele Ungläubige mit sich in den Tod reißt (er erlangt Märtyrerstatus und kommt ins Paradies). In jedem Fall gewinnt er, zumal er einen unschätzbaren Vorteil auf seiner Seite hat: Der Tod flößt ihm keine Angst ein – er lernt sogar, den Tod zu suchen –, während seine verzagten Feinde ihn über alles fürchten. Das verleiht dem negativen Helden eine unleugbare moralische Überlegenheit über jene, die einst über ihm standen. Im Schrecken, den er den einstigen Verächtern einflößt, findet er zu seiner Würde zurück, in der Negativität selbst den Grund dafür, sich anderen überlegen zu fühlen.

Der negative Held genießt die Angst, die er einflößt, ebenso wie seine negative Darstellung in den Medien. Je mehr man ihn verteufelt, desto größer der Ruhm dessen, der das einzige Gut verschwendet, das er besitzt, – das Leben anderer (bevor man ihn daran hindert) und am Ende sein eigenes, das er für die heilige Sache zu opfern bereit ist. Sein Tod wird ein Leben beschließen, das seine Bestimmung im Kontrast zu einer Gesellschaft gewinnt, die er diabolisiert wie er selbst von ihr diabolisiert wird, und mit der es keinen Dialog geben kann. Ist der äußerste Grad der Radikalisierung erreicht, der darin besteht, die Rolle des negativen Helden zu übernehmen, ist jeder Dialog unmöglich geworden. Dem anderen den Tod bringen oder ihn erleiden – die Lösung des Konflikts kann nur noch durch die äußerste Gewalt besiegelt werden.

Das Elend der viktimisierten Jugendlichen, die häufig in prekären Verhältnissen leben, kann sich auch auf Angehörige der Mittelschicht ausweiten, und zwar in Gestalt der Identitätskrise. Sie leiden unter der Anonymität eines Lebens, das von fortschreitender Anomie geprägt ist – sie haben nicht mehr das Gefühl, Teil einer Gemeinschaft zu sein, die sozialen Bindungen haben sich aufgelöst, und sie tragen die Bürde einer des Sinns beraubten Existenz. Manche unter ihnen werfen sich zu Sprachrohren des Leids der anderen Muslime auf, die Opfer des Imperialismus, des

Zionismus, der westlichen Unterdrückung sind. Da sie der Mittelschicht entstammen, empfinden sie die Stigmatisierung und die Vorurteile, denen der Islam und seine Anhänger begegnen, als noch unerträglicher. Die Radikalisierten aus der Mittelschicht, die zu selbsternannten Sprachrohren des Islam werden, sind freilich nicht auf eine symbolische Umkehrung der sozialen Rangordnung angewiesen, wie sie die von Exklusion betroffenen Jugendlichen durch ihre Gräueltaten erreichen wollen.

Wenn Angehörige der Mittelschicht sich mangels einer gefestigten, in ihrer Lebenswirklichkeit verankerten Identität dem Dschihadismus in die Arme werfen, ist dies häufig die Folge einer Anomie, die durchaus die Grundlagen ihrer Existenz betreffen kann. Das macht es möglich, dass ein mit naturwissenschaftlichen Diplomen dekorierter, in internationalen Forschungseinrichtungen arbeitender Mann im Zuge eines Wirklichkeitsverlusts, der seine ganze alltägliche Existenz ergreift, mit einem Mal als Retter des Islam in den Dschihad zu ziehen gedenkt. Er bewegt sich in einer Welt, in der das Virtuelle vom Realen Besitz ergreift, spielt auf dschihadistischen Websites den negativen Helden, knüpft Kontakte, tauscht verschlüsselte Nachrichten aus, fungiert als Vermittler zwischen verschiedenen Namen und Pseudonymen, kurzum: Er verquickt Realität und Fiktion in der Traumgeburt eines heiligen Krieges, der andere und ihn selbst teuer zu stehen kommen kann.[35] Der donquichotteske, halb wirkliche, halb erdichtete Ritter der Apokalypse, der sich als Maulheld erweist, spielt ein gefährliches

[35] So geschah es auch im Fall von Adlène Hicheur, der dem dargestellten Modell sehr nahe kommt. Vgl. Zaouche, Bastien: „Hicheur s'est fourvoyé dans l'islam radical", *L'Express*, 31. März 2012, [online], http://www.lexpress.fr/actualite/societe/justice/hicheur-s-est-fourvoye-dans-l-islam-radical_1099876.html. Während meines Gesprächs, das ich mit ihm im Jahr 2012 im Gefängnis führte, gewann ich den Eindruck, dass dieser Zustand noch andauert.

Spiel mit sich selbst und seinen erfundenen oder wirklichen Chat-Partnern. Wenn sich ihm die Gelegenheit bietet und er auf seinem Weg einer Gruppe begegnet, die ihn unterstützt, ihn aus seinem behüteten Leben herausreißt, ihn im Umgang mit Waffen und Sprengstoff ausbildet und in eine Kampfgruppe integriert, wenn sie weiterhin seinen Hass auf die Gesellschaft verstärkt, indem sie die imperialistische und kolonialistische Vergangenheit seiner Wahlheimat mit ihrer aktuelle Politik in Verbindung bringt (Invasion in Afghanistan, im Irak, in Mali ...), dann kann es durchaus dazu kommen, dass er sehr weit geht. Meist fehlt es ihm freilich an der Entschlossenheit der Dschihadisten aus den Unterschichten, die sich für das rächen wollen, was sie erdulden mussten.

Der anomische Charakter des Dschihadismus der Mittelschichten im Westen findet sich in den muslimischen Gesellschaften nicht. Die Empörung darüber, von den korrupten und autokratischen Eliten, die dort an der Macht sind, an den Rand gedrängt, ja vom politischen und wirtschaftlichen Leben völlig ausgeschlossen zu werden, erzeugt einen Groll, der nicht aus einer Identitätskrise entsteht, sondern aufs Schlimmste im alltäglichen Leben gründet. Die Radikalisierung nimmt also keine realitätsfernen Formen an, sondern wird zur Sprache des Akteurs im Kampf gegen eine unerträgliche Realität, durch die er zutiefst entwürdigt, ja in seiner Existenz selbst geächtet wird.

Der negative Held steht oft zwischen den Kulturen. Auf seine Art ist er Multikulturalist, während er doch leugnet, eine andere Kultur als die vom Islam allein vorgeschriebene, also die Unterwerfung unter die Befehle Allahs, zu pflegen – in einem Universalismus, der auf der Leugnung aller kulturellen Unterschiede beruht. Ein Beispiel für diese Überschneidung der Kulturen: In Woolwich, einem Viertel im Londoner Südosten, wurde am 29. Mai 2013 ein britischer Soldat von zwei zum Islam konvertierten Schwarzen nigerianischer Herkunft mit Messerhieben getötet. Michael Adebolajo, 29, der sich in Mujahid Abu Hamza umbenannt hatte, und sein Komplize Michael Adebowale, mit islamischem Namen Ismail Ibn Abdullah, hatten den Mord geplant und sich am Vortag große Hackmesser beschafft. Für den Fall seines Märtyrertodes hatte Adebolajo zudem ein Testament vorbereitet, in dem er sich an seine Kinder wandte: „Meine Kinder, die ich liebe, Ihr sollt wissen, dass es eine heilige Pflicht ist, gegen die Feinde von Allah zu kämpfen." Aus der Überzeugung, dass im Krieg gegen den Islam das Militär an vorderster Front stehe, war ihre Wahl, wie die Mohammed Merahs, auf einen Soldaten gefallen. Sie lauerten ihm auf, als er die Kaserne verließ, in Zivil, aber mit einem Militärrucksack. Dann folgten sie ihm in ihrem Wagen, fuhren ihn an und hackten auf ihn ein, um schließlich zu versuchen, ihn zu enthaupten, was ihnen nur teilweise gelang. Danach schwenkten sie theatralisch eine blutbesudelte Waffe und warteten, in der Hoffnung, als Märtyrer getötet zu werden, auf die Polizei. Stattdessen wurden sie bloß verwundet und verhaftet.

Die beiden waren Anfang der 2000er Jahre zum Islam konvertiert. Der Ältere war bis dahin regelmäßig zur Kirche gegangen und hatte unter dem Einfluss der Zeugen Jehovas gestanden. Nach seiner Konversion schließt er sich der extremistischen Gruppe al-Muhajiroun an, die heute verboten ist, und hört die Predigten Omar Bakris, der einer der bekanntesten Ideologen „Londonistans" ist. Der Irakkrieg und die Beteiligung der britischen Armee schockieren ihn zutiefst. Das Einverständnis der Presse, die die Intervention des Westens lobt, während Muslime getötet werden, erträgt er nicht. Er nimmt an den Demonstrationen gegen den Krieg teil, zu denen es 2006, 2007 und 2009 in London kommt. 2012 versucht er, nach Somalia auszureisen, um sich der islamistischen al- Shabaab-Miliz anzuschließen, wird aber in Kenia verhaftet und nach Großbritannien zurückgeschickt. Dem MI5, dem britischen Geheimdienst, ist er seit 2006 als Islamist bekannt, weil er an gewalttätigen Demonstrationen gegen die Polizei teilnimmt. Er steht auf einer Liste von 3000 Terroristen und ist nach seinem Ausreiseversuch besonders verdächtig. Es ist dies eine Übereinstimmung mit dem Fall von Mohammed Merah, der seinerseits dem französischen Geheimdienst als radikaler Islamist bekannt, aber nicht verhaftet worden war. Und auch seine ersten Opfer waren Soldaten. Auffällig ist zudem in beiden Fällen eine psychische Instabilität, die ebenfalls charakteristisch für den neuen Typus des Dschihadisten ist.

Der Werdegang des zweiten der beiden Täter, Adebowale, 22, ist chaotisch. Mit 14 Jahren ist er Mitglied einer Gang, wird Dealer, wird bei einer Schlägerei verletzt und zu einer achtmonatigen Gefängnisstraße verurteilt. Er hat ernsthafte psychische Probleme, wie viele der neuen Dschihadisten. Nachdem er seine Haftstrafe verbüßt hat, bricht er mit seiner Familie und konvertiert zum Islam. Bei seiner Verhaftung nach dem Mord an dem Soldaten Lee Rigby ist er gewalttätig, bespuckt die Polizisten, schlägt auf sie ein.[36]

Für beide Täter ist eine Akkulturation auf der Grundlage gesellschaftsfeindlicher Symbole charakteristisch. Über al-Qaida sagt der Ältere: „Ich betrachte sie als Mudschaheddin [Kämpfer im Dschihad]. Ich bewundere sie, das sind meine islamischen Brüder […]. Die Mudschaheddin sind die Armee Allahs."[37] Die Mitglieder al-Qaidas werden als Kämpfer im Heiligen Krieg gegen einen Westen gefeiert, in dem Michael Adebolajo seit Langem lebt und wo er zum Islam konvertiert ist. Seine Selbstkonstitution folgt, wie die

---

[36] Albert, Eric: „Soldat décapité à Londres: deux hommes reconnus coupables", *Le Monde.fr avec AFP*, 19. Dezember 2013.

[37] „Royaume-Uni: le meurtrier du soldat Rigby raconte son adoration d'al-Qaida", *Le Monde.fr*, 9. Dezember 2013.

der Organisation, mit der er sich identifiziert, der Logik dessen, was Georges Devereux als antagonistische Akkulturation bezeichnet hat. Die Symbolik des Mordes ist bedeutsam: Nachdem er den englischen Soldaten ermordet hat, schwenkt Adebolajo vor der Kamera mit blutbefleckten Händen das Hackmesser, eine Drohgebärde an die Adresse jedes Engländers, der es wagen sollte, den Islam zu beleidigen. Man mag in der Geste eine Nachahmung islamischer Vorbilder sehen (dem Soldaten den Kopf abschneiden, wie Omar Bakri es in seinen Predigten empfahl). Aber die Symbolik ist zweifacher Herkunft. Sie gemahnt nicht nur an die Seiten des Magazins *Inspire* oder die dschihadistischen Videos, die *ad nauseam* Tötungen und Enthauptungen von Ungläubigen zeigen, sondern ebenso an Rap-Videos aus dem Londoner Südosten.[38] Sie steht am Kreuzungspunkt von transnationalem und inländischem Terrorismus (*homegrown terrorism*). Der „negative Held" montiert kulturelle Versatzstücke auch und gerade dort, wo er sich jenseits aller kulturellen Partikularismen strikt an den Buchstaben des Dschihad zu halten behauptet.

In den westlichen Gesellschaften nimmt die große Mehrheit die negativen Helden, zuweilen als „menschliche Bomben" (*suicide bombers)* bezeichnet, wenn sie als Selbstmordattentäter mit Sprengstoffgürteln auftreten, als mitleidlose Fanatiker wahr, die keine Moral kennen, kurzum: als eine Art „Monstren". Aufgrund ihrer antagonistischen Akkulturation wird die Monstrosität von den Akteuren selbst als positives Merkmal empfunden: Je mehr die „gottlose" Gesellschaft sie verabscheut, desto mehr fühlen sie sich in ihrem Status als Helden jener imaginären islamischen Gemeinschaft bestätigt, als deren Märtyrer

---

[38] Githens-Mazer, Jonathan: „Why Woolwich Matters: The South London Angle", *RUSI Analysis*, 31. Mai 2013 [online], www.rusi.org/analysis/commentary/ref:C51A8860A58067/#.UaoXyut8OUc.

sie sich verstanden wissen wollen. Der Hass des Anderen ist konstitutiver Bestandteil ihrer Identität und ihres Überlegenheitsgefühls. Held ist der negative Held nur in den eigenen Augen; für die Gesellschaft, die Opfer seiner Anschläge wird, ist er ein entmenschtes Wesen, das Grauen einflößt und dessen mehr oder weniger bewusst vollzogene Taten nicht von Heroismus, sondern von blindem Fanatismus zeugen.

Von den alten zu den neuen Radikalisierten

Seit dem letzten Jahrzehnt erleben wir in Europa eine Wandlung der sichtbaren Formen der Radikalisierung. Die Verhaltensweisen haben sich ebenso geändert wie die Beziehungen zwischen den Einzelnen, zumal im öffentlichen Raum. Der Einfachheit halber werden wir zwischen der „klassischen" Form, die auf das Ende des 20. und den Anfang des 21. Jahrhunderts datiert, und jenem neuen und sehr viel komplexeren Typus unterscheiden, der in den letzten Jahren auf den Plan getreten ist.

Das klassische Modell zeichnete sich dadurch aus, dass diejenigen, die sich radikalisierten, ein Verhalten an den Tag legten, das dem religiöser Fundamentalisten ähnelte (die als solche noch nichts mit dem Dschihadismus verbindet). Diese Nähe war die Stärke und die Schwäche der Dschihadisten, die zahlreiche Merkmale mit religiösen Fundamentalisten teilten:

- Tragen des Bartes, durch das Dschihadisten sich von Nichtmuslimen so gut wie von „falschen Muslimen", nämlich den „Abtrünnigen", absetzten, also von Muslimen, die ihnen als vom wahren Glauben abgefallen gelten, weil sie sich nicht an die islamischen Vorschriften in der Lesart halten, die von den ultraorthodoxen Anhängern der Religion Allahs vertreten wird. Die

Protagonisten des islamischen Fundamentalismus verstehen sich oft als „Salafisten", in Anlehnung an die Anhänger der *Salaf*, der Weggefährten des Propheten, die sich an diese Vorschriften gehalten haben sollen. Daher werden die Dschihadisten von manchen auch als dschihadistische Salafisten bezeichnet;

- aggressives Verhalten gegenüber Nichtmuslimen oder anderen Muslimen, die nicht der von den Radikalisierten gepredigten Lesart des Islam folgen wollten;
- Protest gegen den Imam der Moschee, so er „gemäßigt" war, also nicht die Auffassung der Radikalisierten vertrat;
- Kleidungsstil nach dem Vorbild der Salafisten, die sich wiederum nach dem Vorbild des Propheten zu kleiden glauben: Tragen der Dschellaba und des Kameez, Gebrauch des Siwak (einer Zahnbürste aus Holz, die der Prophet benutzt haben soll) statt seines modernen Äquivalents. All das spielte sich im öffentlichen Raum ab, ja wurde durchaus ostentativ zur Schau gestellt, um Anhänger unter den „laxen" Muslimen anzuziehen oder Nichtmuslime mit gutem Beispiel voranzugehen und sie zur Konversion zu ermutigen;
- eine ultraorthodoxe Einstellung bei den Konvertiten und eine damit einhergehende Zurückweisung aller, die sich ihrer Auffassung des Islam verschlossen. Ihre Einstellung unterschied sich von der anderer Muslime darin, dass sie einen noch größeren Glaubenseifer an den Tag legten, um von ihren neuen Glaubensbrüdern akzeptiert zu werden, so sie an ihrer Ernsthaftigkeit zweifeln mochten, oder um ein Gefühl der Brüderlichkeit zu wecken trotz der Bilder vom „Weißen" oder „Kolonialisten", die ihnen wegen ihrer Vergangenheit als nichtkonvertierte Franzosen anhafteten;
- ein Bekehrungseifer, der sich nicht nur auf Muslime (wie bei den Anhängern der Organisation der Tablighi

Jamaat, die sich oft darauf beschränken), sondern auch auf Konfessionslose und Christen richtet;

- Bildung von Gruppen mit mehreren Mitgliedern (fünf oder sechs, ja mehr), die eine aggressives, die säkularen Normen verletzendes Werbeverhalten an den Tag legen, das Unbehagen in der Gesellschaft auslöst und den Eindruck hervorruft, provozieren zu wollen;
- Förderung religiöser Aktivitäten, vor allem während des Ramadans, die unter anderem darauf zielen, Schuldgefühle bei Muslimen zu wecken, die sich nicht streng an das Fastengebot halten, und sie zu nötigen, keines der fünf täglichen Gebete auszulassen. Im Familienkreis wird häufig versucht, die anderen mehr oder weniger zu zwingen, dem rigorosen Modell zu folgen, das man selbst befürwortet;
- eine besondere religiöse Terminologie mit Begriffen wie Ungläubigkeit (*kufr*, was je nach Kontext auch Häresie bedeutet), Unwissenheit (*dschahiliyya*, eine Bezeichnung für die vorislamische Zeit, die aber auch auf die Gegenwart angewandt werden kann, in der bei zahlreichen Muslimen und Nichtmuslimen weiterhin Unkenntnis über die von den Radikalen vertretene Form des Islam herrscht), Heiliger Krieg (*dschihad*), der gegen die Ungläubigen, aber auch gegen die illegitimen islamischen Regierungen geführt werden muss, die für den weltweiten Götzendienst stehen (*taghut*), etc.

Diesen Verhaltensweisen folgten, mehr oder weniger, nicht nur die Fundamentalisten (friedliche Salafisten, auch Puristen genannt), sondern auch die Dschihadisten bis zum Beginn der 2000er Jahre.

Festzuhalten ist, dass die meisten Fundamentalisten keine Dschihadisten sind, dass die meisten Dschihadisten aber vor den Anschlägen des 11. September 2001 und noch einige Jahre danach ein Verhalten zur Schau trugen, das sich an den Fundamentalisten orientierte. Der Polizei half dieses Auftreten, sie zu identifizieren. So im Fall der Mitglieder einer Anfang 2005 aufgeflogenen Gruppe aus dem 19. Arrondissement von Paris. Mit ihrem Anführer Farid Benyettou rekrutierte sie freiwillige Dschihadisten für den Irak, die unter anderem dadurch auffielen, dass sie gegen das Kopftuchverbot an öffentlichen Schulen demonstrierten. Die Gruppe kehrte also in aller Öffentlichkeit ihre Zugehörigkeit zum ultraorthodoxen Islam hervor, ja den unbedingten Willen, ihn mit Gewalt im Namen des Dschihad durchzusetzen, zumindest außerhalb Frankreichs. Dieser Verhaltenstypus, der das Muster des religiösen Fundamentalismus mit einer radikalen Auffassung des Islam verknüpfte, war noch vor einigen Jahren die vorherrschende Form der Radikalisierung – trotz der Mahnung von Chefideologen des Dschihad wie Abu Musab al-Suri, der die Partisanen des Heiligen Krieges aufforderte, ihre religiöse Identität nicht zu erkennen zu geben.

Die Verknüpfung von Dschihadismus und Fundamentalismus ist charakteristisch für den Salafismus seit den 1990er Jahren, als dessen einer, radikaler Zweig sich von einem anderen absetzte, der eine sektiererische Haltung annahm, ohne so weit zu gehen, Gewalt im Namen des Heiligen Krieges zu predigen. Der traditionelle Salafismus, auch Purismus genannt, wollte den Islam durch Sitten und Gebräuche eher als durch den Dschihad verbreiten. Er vermied die Politisierung der Gewalt und votierte für die *dawa* (Bekehrung zum Islam). Der radikale Salafismus, als dschihadistisch bezeichnet, forderte eine mit kriegerischer Gewalt durchgesetzte Einführung der Scharia, sei es, um den von Ungläubigen eroberten islamischen Boden (Palästina, Afghanistan, dann der von amerikanischen und britischen Streitkräften eingenommene Irak, und heute Mali) zurückzuerobern, sei es, um die Sache des Islam in der ganzen Welt zu verbreiten (qutbistische Richtung, nach Sayyid

Qutb, dem islamistischen Revolutionär und Ideologen der Muslimbrüder).

Bis in die ersten Jahre des 21. Jahrhunderts glaubten die Verfechter des dschihadistischen Salafismus, dass sie im Westen, wo der Islam eine Minderheitenreligion ist, größeren religiösen Bekehrungseifer und eine fundamentalistische Haltung an den Tag legen müssten, um junge Männer und Frauen für sich zu gewinnen, ob sie nun deislamisiert waren, *born again* oder im Begriff zu konvertieren. Diejenigen, die sich radikalisierten, ließen sich den Bart stehen und trugen voller Stolz ihr Bekenntnis zur Religion Allahs zur Schau. Sie legten den Bekehrungseifer des Muslims an den Tag, der seinen Glauben in einer militanten Form wiederentdeckt hatte und sich damit von seinen Eltern absetzte, deren Religionsausübung sich auf eine „Orthopraxie", eine Befolgung der Glaubensregeln beschränkte, die frei von der ideologischen Auffassung des Islam war. Die Ideologisierung des Islam ging mit einem zurückgewonnenen Stolz einher, mit einem Gefühl der Überlegenheit über traditionelle Muslime wie Konfessionslose, denen die Bedeutung der Religion Allahs verschlossen blieb. Integraler Bestandteil der neuen Religiosität war deren ostentative Zurschaustellung, die sich von den rückwärtsgewandten Muslimen (den Eltern und Großeltern) ebenso absetzen musste wie von einer von sich selbst und ihren säkularen Werten eingenommenen französischen Gesellschaft (von den Fundamentalisten mit Antireligiosität gleichgesetzt, worum es sich bei einer Minderheit der Laien tatsächlich handelt).

Dieses Modell hat sich einige Jahre nach den Attentaten vom 11. September 2001 radikal gewandelt – vor allem, als die Anhänger des islamischen Extremismus sich ihrer zunehmenden Überwachung durch die Geheimdienste bewusst wurden.

Der Typus des introvertierten Dschihadisten

Seit einigen Jahren hat sich das Schema des radikalen Islamismus diversifiziert. Neben dem Modell einer extrovertierten Radikalisierung, die ihre ostentativen Ausdrucksmöglichkeiten dem islamischen Fundamentalismus entlehnt, hat sich das Modell einer introvertierten Radikalisierung herausgebildet. Der Fundamentalismus zieht weiterhin Anhänger einer Radikalisierung an, die sich dann von den fundamentalistischen Netzwerken absetzen, da sie für ihren Geschmack nicht aktivistisch genug sind, und neue kriegerische Gruppen ins Leben rufen.

Genauer: Einige der Fundamentalisten, die jene oben beschriebenen Zeichen der Religiosität offen zur Schau tragen, neigen zum radikalen Islamismus, aber die meisten wagen den Sprung nicht. Umgekehrt entscheiden sich die meisten derer, die sich radikalisieren, für eine introvertierte Haltung und verbergen ihren Glauben, um der Aufmerksamkeit der Polizei und der Geheimdienste zu entgehen. Also rasieren sie sich den Bart ab – nicht, weil sie ihr islamistisches Credo widerrufen wollten, sondern um unsichtbar zu werden. Ob *born again* oder konvertiert – um nicht ins Visier der Polizei zu geraten, tun radikale Islamisten in zunehmendem Maße alles dafür, sich nicht von den laizistischen Bürgern oder von denen abzusetzen, die eine individualisierte und nicht öffentlich ausgelebte Form des Glaubens praktizieren.

Ein weiteres Unterscheidungsmerkmal liegt darin, dass die neuen Radikalisierten sich eher zu kleinen als zu großen Gruppen zusammenschließen. Seit den Attentaten von London im Juli 2005 sind überall in Europa fast alle Anschlagsversuche, die von Gruppen unternommen wurden, die mehr als drei oder vier Personen umfassten, gescheitert, weil Geheimdienste und Polizei ihre Kommunikation per Handy oder im Internet abgefangen haben.

Anschläge, die von Einzelnen oder Kleinstgruppen verübt wurden, ob im Namen des radikalen Islam oder aus anderen Motiven, konnten dagegen nicht verhindert werden (zum Beispiel im Fall von Mohammed Merah oder in dem des Norwegers Anders Breivik). Inzwischen sieht es so aus, als könne ein terroristischer Anschlag nur gelingen, wenn er von einem Individuum, das sich auf dem Umweg über das Netz selbst radikalisiert hat, oder von einer sehr kleinen Gruppe verübt wird. Sobald die Gruppe größer wird, ist es sehr wahrscheinlich, dass der Versuch von den Ordnungskräften vereitelt wird. Natürlich handelt auch das Individuum, der Einzeltäter, nicht völlig allein. Er wird mehr oder weniger von fundamentalistischen Netzwerken oder Gruppen beeinflusst (Merah etwa von der Gruppe Forsane Alizza). Aber er schreitet allein zur Tat, während nach den bis 2005 geltenden Modellen mehrere Personen gemeinsam handelten (19 Personen waren unmittelbar an den Anschlägen vom 11. September 2001 beteiligt, 4 am Attentat in London im Juli 2005). Künftig wird man also eher mit Einzelnen oder kleinsten Gruppen rechnen müssen, die terroristische Akt im Namen einer globalen Gemeinschaft verüben (bei der es sich um die islamische *Umma* handeln mag, oder um die Nation oder den weißen Mann …).

Das dritte Merkmal dieser neuen Terroristen ist ihre mentale Instabilität oder psychische Labilität. Früher hatte die Logik der Gruppe es verhindert, dass psychisch gefährdete Individuen in sie aufgenommen wurden. So wurde etwa Zacarias Moussaoui aus dem Kreis der Attentäter des 11. Septembers verbannt, weil er nicht verlässlich war. In Zukunft wird die Entscheidung, zur Tat zu schreiten, vom Einzelnen oder von einer Gruppe von zweien oder dreien getroffen werden, häufig von Personen, die unter psychischen Problemen leiden, wie im Fall von Mohammed Merah, Anders Breivik oder auch der beiden konvertierten Engländer nigerianischer Herkunft, Michael Adebowale und Michael Adebolajo. Die Schüsse, die Abdelhakim Dekhar auf Journalisten in den Räumen des Fernsehsenders BFM-TV und der Zeitschrift *Libération* abgefeuert hat, scheinen zwar nicht unmittelbar in die Zuständigkeit der Psychopathologie zu fallen, aber auch er hat offenbar allein gehandelt.

Um die neuen Formen der Radikalisierung im Unterschied zu den „klassischen" in einem Schema zusammenzufassen, kann man die folgenden Merkmale festhalten:

- kurzer oder gar kein Bart, anders als bei den Fundamentalisten mit ihren mehr oder weniger langen Bärten;
- Vermeidung der Bildung großer Netzwerke aus Angst vor ihrer Identifizierung durch die Polizei;
- Vermeidung des Kontakts mit den „gemäßigten" Imamen der Moscheen, die nicht als vertrauenswürdig gelten;
- introvertiertes Verhalten, insbesondere in der Interaktion mit den anderen. Indem man keinen Bekehrungseifer erkennen lässt und niemandem Zugang zum geschlossenen Kreis der sehr kleinen Gruppe gewährt (höchstens drei bis vier Personen), gibt man den ostentativen Gestus, der dazu gedient hatte, sich in den Augen der anderen Muslime zu legitimieren, zugunsten der Unsichtbarkeit einer Mikrogruppe auf, die der Wachsamkeit der Polizei zu entgehen versucht;
- Entstehung neuartiger Beziehungen zwischen einer „starken Persönlichkeit", die wir den „Radikalisierer" nennen, und einer leicht zu beeinflussenden, ja schwachen Persönlichkeit, die häufig unter psychischen Problemen leidet und die wir den „Radikalisierten" nennen;
- Vermeidung aller religiösen „Erkennungszeichen" während des Ramadans, um die eigene Religiosität zu verbergen, insbesondere seitens der Konvertiten,

denen es häufig gelingt, ihre Konversion vor ihrer Umgebung geheimzuhalten;

- Bildung von Duos – seltener Trios –, die neben Einzeltätern die häufigsten Fälle von „radikalisierten Netzwerken" darstellen werden.

Wenn dieser neue Typus von Radikalisierung schwerer zu neutralisieren ist, so besitzt er doch zugleich eine geringere Zerstörungskraft: Bis auf den heutigen Tag haben die gelungenen Anschläge, mit Ausnahme des von Anders Breivik auf Utøya angerichteten Massakers, „nur" wenige Tote gefordert.

Die Selbstradikalisierung des Einzelnen

Der Einzelne, der sich selbst radikalisiert, tut dies entweder unter dem Einfluss einer Vereinigung, die ihn in seinem kriegerischen Glaubensbekenntnis bestärkt, ohne darum an seinen terroristischen Aktionen aktiv beteiligt zu sein, oder über das Netz, durch die Lektüre radikaler Schriften oder durch Kontaktaufnahme mit Gesprächspartnern, die ihm den Geist des Dschihadismus einhauchen, aber kein terroristisches Netzwerk bilden und selbst nicht in Anschläge verwickelt sind. Die Radikalisierung vollzieht sich allmählich (Fälle von plötzlicher Radikalisierung sind nicht bekannt), mitunter mit Phasen des Zweifels. Das Individuum wahrt seine Zurückhaltung und widmet sich seinem ideologischen Heimwerkertum durch den Besuch von mehr oder weniger radikalisierten Websites, aber ohne mit irgendjemand Kontakte zu knüpfen und Netzwerke zu bilden, die vereint zuschlagen.

Wenn man unter einem „einsamen Wolf" ein Individuum versteht, das allein handelt, wenn es einen Anschlag verübt, aber zugleich von einer Gruppe oder Organisation beeinflusst wird, die in die eigentliche Tat nicht direkt involviert ist, dann entsprechen etwa Mohammed Merah, Urheber der Attentate von Toulouse und Montauban, und der zum Islam konvertierte „Alexandre" dieser Definition.

Vom Präradikalisierten zum Hyperradikalisierten

Das europäische oder, weiter gefasst, westliche Modell der Radikalisierung hat sich seit dem Ende des 20. Jahrhunderts weiterentwickelt. Während die Radikalisierten, die in die Attentate vom 11. September 2001 verwickelt waren, sämtlich aus dem Nahen und Mittleren Osten kamen (vor allem aus Saudi-Arabien und Ägypten), sind im 20. Jahrhundert die „hausgemachten" Terroristen auf den Plan getreten, deren Radikalisierung über Kumpels oder das Internet verläuft und die immer weniger mit radikalen Gruppen in der muslimischen Welt in Verbindung stehen.

Eine neue Form der Radikalisierung erleben wir seit Beginn des Bürgerkriegs in Syrien. Die meisten der jungen Europäer, die nach Syrien aufbrechen (meist über die Türkei), sind nicht im strengen Sinne des Begriffs radikalisiert, wenn sie ihre Reise antreten. Ihre Motivation besteht meist aus einer verhängnisvollen Mischung dreier Komponenten: humanitäre Gesinnung (die muslimischen Brüder retten, die vom blutrünstigen Regime Assads hingeschlachtet werden), ein überspannter Fundamentalismus (gegen ein schiitisches Regime kämpfen, das sich auf einen pervertierten Islam stützt und die echten Muslime, die Sunniten, unterdrückt) und schließlich die Lust an der Gefahr und am Aufbruch in die Fremde. Der Identitätszerfall verbindet sich mit dem Willen, sich als muslimischer Held zu beweisen und zugleich den Nervenkitzel zu suchen, wie Heranwachsende, die sich unsterblich fühlen und mit dem Tod spielen.

Das dschihadistische Engagement hat ein Moment des Tragischen (das mit der Identitätskrise und der Anomie einhergehende Gefühl der Verzweiflung), aber auch der gespannten Erregtheit (man gerät in Ekstase angesichts des schlechthin Unbekannten des Todes, des eigenen wie desjenigen der anderen). Der zuletzt genannte Aspekt wird greifbar, wenn man Jugendliche sieht, die einander abends in einem improvisierten Internetcafé mitten in einem verwüsteten syrischen Stadtviertel fotografieren, die Waffe in der einen, das Handy in der anderen Hand – ohne daran zu denken, dass sie damit ihren Aufenthaltsort preisgeben und mit den elementarsten Verhaltensregeln brechen, die in einem solchen Krieg gelten (Thomson 2014). Der mitunter fahrlässige Umgang der selbsternannten Gotteskrieger mit ihrer eigenen Sicherheit wie der der Gruppen, zu denen sie sich bekennen, zeugt eher von Abenteuerlust und gesteigerter Adrenalinzufuhr als von der eisernen Disziplin und todesmutigen Entschlossenheit des Milizionärs.

Die Dimension der Identitätssuche wiederum zeigt sich am unwiderruflichen Bruch mit einem Lebensalltag, der nicht immer ohne Reiz ist für diese jungen Franzosen, von denen eine wachsende Zahl aus kleinbürgerlichen Milieus, ja einigermaßen wohlhabenden Kreisen kommt. Manche geben eine mehr oder weniger gesicherte Existenz auf, um ihre Ergebenheit gegenüber Gott unter Beweis zu stellen, und schöpfen aus diesem Bruch die Kraft einer durch das Heilige wiedererstarkten Identität. Das orientierungslose Individuum findet sich in einer Beziehung zu Gott wieder, die es vor sich selbst bestätigt, seine Existenz gewinnt einen Sinn, es findet in seinem Kampf gegen den Feind des Islam wie gegen die eigenen „materialistischen" Verfehlungen eine bis dahin ungekannte Art des Glücks.

Im Übrigen treten neben den Jugendlichen aus den Vorstädten, die vom Hass auf die Gesellschaft durchdrungen sind, neue Anhänger auf den Plan, die in einem sehr viel weniger konfliktgeladenen Verhältnis zur Gesellschaft stehen. Deren Verlangen, gegen den Feind in den Krieg zu ziehen, gewinnt eine religiöse Bedeutung, die sich nicht in der Ablehnung der französischen Gesellschaft erschöpft. Sie brechen nach Syrien auf, um sich in den Augen Allahs reinzuwaschen und eine neue Identität aufzubauen, in der Todesverachtung, Heroismus und das Sich-Beweisen auf dem Schlachtfeld ihrem Vorhaben eine besondere Dignität verleihen. Mit der neuen Entschlossenheit taucht ein Hoffnungsschimmer am Horizont auf, und der Tod auf dem Schlachtfeld erweist sich als jenes Märtyrertum, in dem das Ende irdischen Lebens die Aussicht aufs jenseitige Glück eröffnet. An diesem Vorhaben der Selbstrehabilitierung und – rekonstruktion im Zeichen des Heiligen haben die Frauen einen immer größeren Anteil. Gewiss bleiben sie in der Minderheit, aber es werden mehr. Sie hegen den Traum eines imaginären Matri-Patriarchats, in dem sie die Männer auf gewisse Weise übertreffen, indem sie sich ihnen unterordnen und dem Grau in Grau eines zusehends prosaischeren Feminismus abschwören, der ihnen eine annähernde Gleichheit um den Preis der absoluten Entzauberung beschert. Radikalisieren sich die Männer im Westen häufig aus Kastrationsangst (die Gleichheit von Mann und Frau beraubt sie privat wie öffentlich ihrer Identitätsmerkmale), so ist es die Angst vor einer nivellierenden Gleichheit, die die Frauen dazu treibt, ihre Weiblichkeit in der Unterlegenheit zu akzeptieren, die sich wie von Zauberhand in ein sinnerfülltes neues Leben verwandeln soll. Ihr Aufbruch an die syrische Front zehrt von der paradoxen Form einer Radikalisierung, in der man auf Gleichheit verzichtet, um eine vom Heiligen erfüllte Welt zu erschaffen. Den dschihadistischen Frauen ist es auch darum zu tun, eine Art Gleichheit im Tode zu beweisen: Wenn sie fähig sind, wie die Männer den Märtyrertod zu erleiden, dann sollte diese Gleichheit auch im Leben und noch in jenem imaginären Islam herrschen, den sie herbeisehnen.

Manche dieser Jugendlichen mögen vor ihrer Abreise nach Syrien via Internet[39] oder durch charismatische Persönlichkeiten indoktriniert worden sein, die ihnen das syrische Abenteuer ans Herz gelegt haben.[40] Aber sie waren darum nicht schon im eigentlichen Sinne „dschihadisiert". Wären sie es gewesen, hätten sie eher versucht, wie Khaled Kelkal 1995 oder Mohammed Merah 2012, in Frankreich oder irgendwo sonst in Europa terroristische Aktionen auszuführen. Eher sind sie, zumindest in den meisten Fällen, mit den europäischen „Revolutionären" oder „Republikanern" vergleichbar, die sich während des Spanischen Bürgerkriegs von 1936 bis 1939 aufgemacht hatten, um an der Seite der antifrancistischen Kräfte zu kämpfen; oder mit den Linken der 1970er Jahre, von denen manche sich extremistischen Palästinensergruppen angeschlossen hatten; oder auch mit den japanischen Linksterroristen, die nach einer Phase der Kooperation der Japanischen Roten Armee mit libanesischen Extremisten im Mai 1972 den Anschlag auf den Flughafen Lod in Tel Aviv verübt hatten, wobei 26 Personen getötet und 80 weitere verwundet wurden.

Dass Jugendliche nach Syrien aufbrechen, darf nicht allein auf eine Identitätskrise oder ein Gefühl des Mangels zurückgeführt werden. Es ist auch Ausdruck einer Revolutionsromantik. Das Abflauen des Linksradikalismus und das Ende der säkularen revolutionären Ideologien macht den Weg frei für den radikalen Islam, der zusehends eine antiimperialistische Bedeutung, aber auch eine chauvinistische

[39] Cornevin, Christophe: „Comment les djihadistes français sont recrutés sur Internet", *Le Figaro*, 24. Januar 2014; Jones, Sam, „Jihad by Social Media", *Financial Times*, 28. März 2014.

[40] Ein Tunesier wurde nach einem Dringlichkeitsverfahren vom Innenministerium ausgewiesen, weil er versucht hatte, junge Franzosen in Grenoble für den Dschihad anzuwerben. Vgl. „Expulsion d'un Tunisien qui recrutait des djihadistes à Grenoble", *Le Monde.fr avec AFP*, 14. Juni 2014.

und antidemokratische Konnotation gewinnt. Die erstgenannte Dimension befriedigt die Erwartung der jungen Männer und Frauen, die im westlichen Imperialismus das Erbe des Kolonialismus und der Arroganz des „weißen Mannes" sehen. Die zweite Dimension antwortet auf die Identitätskrise derer, die keinen Hoffnungsschimmer mehr am Horizont des europäischen Grau in Grau erkennen können. Der „Aufbruch" wird als ein Sprung ins Unbekannte erlebt, durch den das Glück sich im kriegerischen Ideal verwirklichen soll. Der Aufbruch in den Dschihad auf syrischem Boden verspricht, mit den Worten eines der jungen Engländer, die unter dem Banner des „Islamischen Staates" losgezogen sind, eine „Kur gegen die Depression", von der die junge Generation zerfressen wird.[41]

Man muss folglich auf beiden Dimensionen zugleich insistieren – Revolutionsromantik und Identitätskrise – um die Komplexität der Motivlage jener Jugendlichen zu verstehen, die der syrischen Versuchung erliegen.[42] Sie lassen eine Gewaltbereitschaft erkennen, die man „prädschihadistisch" nennen mag, aber sie sind weit davon entfernt, das gewalttätige Credo der Dschihadisten zu teilen, die nicht zögern, Unschuldige im Namen ihrer extremistischen religiösen Vorstellungen zu töten.

Neu gegenüber dem Spanien des Bürgerkriegs oder dem Linksextremismus der 1970er Jahre ist die Anwesenheit von Minderjährigen, Mädchen oder Jungen, unter den manipulierten (und sich selbst manipulierenden) jungen Männern und Frauen.[43] Diese Heranwachsenden können sehr viel

---

[41] Siddique, Haroon, „Jihadi Recruitment Video for Islamist Terror Group Isis Features Three Britons", *The Guardian*, 20. Juni 2014.

[42] Dounia Bouzar (2014) betont besonders den Aspekt der Identitätsfindung gegenüber dem der paradoxen Selbstbehauptung in einem zerstörerischen Vorhaben.

[43] Judith, Magali, „Djihad en Syrie: ‚Nos enfants sont des adolescents manipulés, sous le joug de prédateurs terroristes'", *Le Monde. fr.*, 2. Mai 2014.

einfacher ausreisen, meist über die Türkei, als das in den 1930er Jahren möglich war. Heute reicht es, ein Flugticket zu kaufen und die Eltern um etwas Geld anzugehen oder es sich bei Freunden zu „leihen“, um den Ausreiseplan in die Tat umzusetzen. Bei den Minderjährigen spielen postadoleszente Krise und Identitätsprobleme zweifellos eine größere Rolle als die revolutionäre Dimension. Eine „andere“ Welt scheint immer noch besser als die, in der man nicht mehr weiß, wer Freund ist und wer Feind, besser als ein Alltag, der von keinem mit anderen geteilten Glücksversprechen und keiner erhebenden Botschaft beseelt wird.

In Syrien kommt es durch den Kontakt mit Gruppen wie der al-Nusra-Front und vor allem dem „Islamischen Staat“, der al-Qaida an Grausamkeit und Extremismus bei Weitem übertrifft, zu einer Hyperradikalisierung der Präradikalisierten. Sie absolvieren mehrwöchige Ideologiekurse und Trainingsprogramme in hart umkämpften Konfliktgebieten, wo sie nicht nur vor Ort in Kampftechniken und die Herstellung von Bomben unterwiesen werden, sondern vor allem lernen, sich für die Sache des Heiligen Krieges zu opfern. Ihre ursprüngliche Motivlage, eine Mischung aus humanitärem Mitgefühl und dem Willen, ihre sunnitischen Brüder gegen das abtrünnige schiitische Assad-Regime zu verteidigen, verwandelt sich unter dem Einfluss einer auf die Spitze getriebenen Radikalisierung. Einmal in Syrien, werden sie Dschihadisten im strengen Sinne des Begriffs.

Von ihrer Rückkehr nach Europa geht daher eine große Gefahr aus. Hyperradikalisiert sind diese Jugendlichen, nachdem sie in Syrien die Erfahrung des totalen Krieges gemacht und vor Ort eine Grausamkeit kennen und im Namen extremistischer religiöser und dehumanisierter Ideale zu rechtfertigen gelernt haben – mit allen damit verbundenen mentalen Störungen. Sie haben gelernt, sehr viel abgestumpfter gegenüber dem Leiden anderer zu sein als die hausgemachten Dschihadisten, die sich im Internet notdürftige handwerkliche Techniken angeeignet haben, um in den 2000er Jahren in Europa Gewalttaten zu verüben. Die Hyperradikalisierten sind noch abgehärteter als die „Afghanen“ (europäische oder arabische Dschihadisten, die am Krieg gegen die Sowjetunion in Afghanistan teilgenommen haben). Ihre Zahl (mehr als 2000 Europäer und mindestens ebenso viele Maghrebiner, von denen manche die Möglichkeit haben, nach Europa zu kommen), ihre Wut auf einen Westen, der nichts gegen das blutrünstige Assad-Regime unternimmt, ihre technischen Fertigkeiten (Kampferfahrung, Bombenbau) und ihre massive ideologische Indoktrinierung machen sie zu einer der größten inneren Gefahren, denen Europa im kommenden Jahrzehnt gegenübersteht. Und das in menschlicher wie politischer Hinsicht: Die europäischen Rechtsextremen werden diese Gefahr zum willkommenen Anlass nehmen, den Humanismus und das offene politische System Europas in Frage zu stellen.

Radikalisierungstypen

Man kann zwei Typen der Radikalisierung unterscheiden: *ad extra* und *ad intra*. Im ersten Fall reist der Dschihadist in ein anderes Land aus und versucht dort, im Namen religiöser oder ideologischer Gründe in den Heiligen Krieg zu ziehen. So verhält es sich zum Beispiel mit den Dutzenden von Franzosen, die gegenwärtig in Syrien sind, um in radikalislamistischen Gruppen gegen das Assad-Regime zu kämpfen. Man mag auch an Farid Benyettou denken, der 2004/05 ein Dutzend junger Franzosen maghrebinischer Herkunft aus dem 19. Arrondissement davon überzeugen konnte, gegen den amerikanischen Eindringling im Irak zu kämpfen – einige wurden getötet, einige hat die amerikanische Armee festgenommen, einige sind verschwunden. Wer dagegen den Dschihad in seinem Heimatland zu führen gedenkt, richtet die Gewalt *ad intra*. Das war etwa bei Mohammed Merah in Frankreich der Fall oder bei den Brüdern Zarnajew, die den Anschlag auf den Boston-Marathon verübten, oder bei den Engländern Michael Adebolajo und Michael Adebowale, die in Woolwich den Soldaten Lee Rigby töteten.

Eine andere wesentliche Unterscheidung ist die zwischen nationaler und transnationaler Radikalisierung. Die nationale Radikalisierung hat ein genau definiertes Ziel im Augen, den Feind, der das eigene Territorium besetzt hält oder gegen nationale Kräfte kämpft: die indische Armee, die aus der Perspektive der Nationalisten Kaschmir, oder die israelische Armee, die Palästina, oder die russische Armee, die den Kaukasus besetzt hält oder in Tschetschenien einmarschiert etc. Ziel der nationalen Radikalisierung ist es, das nationale Gebiet vom Joch des Besatzers zu befreien. Sie ist nicht „absolut", sie versucht nicht, gegen einen globalen und gesichtslosen Feind zu kämpfen, sie hat einen spezifischen Feind mit mehr oder weniger genau definierten Merkmalen im Auge. So ist etwa, in der islamistischen Sphäre, der Feind der Hamas die israelische Armee, nicht die gesamte Menschheit.

Die transnationale Radikalisierung dagegen, im islamischen Fall die der Dschihadisten, richtet sich gegen einen vielgestaltigen, unendlich variablen Gegner: die Vereinigten Staaten, aber auch die von ihnen unterstützten arabischen Regime, den Westen und sein gottloses System, die Schiiten, die Kreuzritter, die Zionisten und nicht zu vergessen all jene, deren Religion nicht abrahamitisch ist und denen man die Religionsfreiheit abspricht. Der Feind ist, mit einem Wort, die Welt. In diesem Fall ist die Radikalisierung die Entsprechung zur „permanenten Revolution“, mit dem Unterschied, dass durch die religiöse Dimension Unterscheidungen wie Mann/Frau oder gläubig/ungläubig eine Rolle spielen, die den revolutionären Rahmen im engeren Sinne sprengen. Und es ist dieser Fall von Radikalisierung, in dem der Märtyrertod gefeiert wird. Die dschihadistische Radikalisierung zehrt in ihrer Unerbittlichkeit von einem unerschöpflichen Hass. Die Nationalisten, die sich auf den Islam und den Dschihad berufen, die Islamo-Nationalisten also, wissen nur zu gut, dass sie jede Kooperation mit transnationalen Islamisten wie al-Qaida vermeiden müssen, weil sich andernfalls die Verwirklichung der nationalen Dimension als unmöglich erweisen würde. Das gilt besonders von den Palästinensern im Libanon, von denen manche zum transnationalen Dschihadismus konvertiert sind, nachdem sie, vertrieben aus den palästinensischen Gebieten, gezwungen wurden, im Libanon in für sie angelegten Lagern zu leben (Rougier 2004). In Kaschmir sind die engen Verbindungen zwischen Laschkar-e Taiba und dem transnationalen Dschihadismus zunächst den Wechselfällen der Entstehung dieser Gruppe geschuldet (die sich 1981 in Afghanistan bildete, um gegen die sowjetische Besatzung zu kämpfen), ganz wie die Nähe zu den Taliban. In den 1990er Jahren hat die Gruppe sich in Kaschmir eingerichtet und die Angliederung des indischen Teils dieser Provinz an Pakistan, einen islamischen Staat, gefordert. Aufgrund ihrer früheren Verbindungen genoss sie die Unterstützung von al-Qaida. Sie unterliegt denselben Zweideutigkeiten wie der pakistanische Staat und sein mächtiger Geheimdienst, der zuweilen mit al-Qaida kooperiert, während er zugleich als Verbündeter der Vereinigten Staaten im Kampf gegen den dschihadistischen Terror firmiert – ein doppeltes Spiel, das die amerikanischen Geheimdienste vergeblich anprangern. Die Palästinenserbewegungen, selbst die Hamas oder der islamische Dschihad haben nie mit al-Qaida kooperiert, von der sie sich durch ihren Realitätsbezug (nationale Befreiung) und ihre Verbindungen zu anderen Nationalisten unterscheiden, während der Nationalismus in den Augen der radikalen Islamisten eine Form der Häresie (*schirk*) ist. Wechselt man die Ebene und geht vom Nationalen zum Transnationalen über, so verändert sich die Natur der Radikalisierung, sei es auch nur der Art der jeweiligen Utopie nach (im einen Fall die souveräne Nation, im anderen ein Neokalifat, dessen Umrisse völlig verschwimmen). Die Islamo-Nationalisten sind weniger rigoristisch als die Dschihadisten. Was ihnen vorschwebt, ist eine Version des Islam, die das Gefühl stärkt, ein und derselben Nation anzugehören, während die radikalen Islamisten eine islamische Hegemonie jenseits aller Unterscheidungen nationaler oder ethnischer Art anstreben. Was sie beseelt, ist der Glaube an den Mythos eines islamischen Universalstaats, das Neokalifat, dem alle unterworfen werden müssen – sei es durch Überzeugung, sei es durch Zwang. Die Radikalisierung ist hier unbegrenzt, da eine Absicht, deren Verwirklichung unmöglich ist, keiner konkreten Lösung zugeführt werden kann. Die Lösung ist der Tod, und das Streben danach, ihn zu erleiden oder ihn über andere zu bringen, wird zur verzehrenden Leidenschaft der Dschihadisten, die glauben, sich umso besser zu verwirklichen, je mehr Ungläubige sie töten, um schließlich ihr Glück im Märtyrertum zu finden.

Eine Reihe von Anschlägen, die in den letzten Jahren verübt wurden, lassen sich auf diese Weise in einer Kreuztabelle klassifizieren, in der auf der einen Seite der Umfang der beteiligten Gruppe, auf der anderen die Art des Anschlags steht:

Tabelle 2

	Ad intra	Ad extra	Ermordnung spezifscher Bevölkerungs-gruppen	Wahllose Ermordnung	Begrenzte Utopie	Entfesselte Utopie
Einzeltäter	Mohammed Merah; Nidal Malik Hassan.	Europäische Dschihadisten in Syrien.	Baruch Goldstein, Mitglied einer kahanistischen Gruppe, der 1994 29 Palästinenser tötet und 125 verletzt; Nidal Malik Hassan, der Soldaten und andere Stationierte auf dem Militärstützpunkt Fort Hood erschoss; Mohammed Merah, der muslimsische Soldaten und Juden erschoss.	Timohty McVeigh, der am 19. April 1995 in Oklahoma 168 Personen tötete und 680 verletzte (vorgeblich gegen die „tyrannische" US-Regierung gerichtet, tatsächlich aber ein Massaker an allen, die sich im Murrah Federal Building aufhielten.		Mohammed Merah und die meisten der radikalen Islamisten, die Attentate in Europa verübt haben; Anders Breivik.
Kleingruppe (zwei oder drei Täter).	Die Brüder Zarnajew, die beiden Engländer nigerianischer Herkunft, Michael Adebolajo und Michael Adebowale.	Die Jugendlichen, die von Farid Benyettou in den Irak geschickt wurden.	Michael Adebolajo und Michael Adebowale, die einen britischen Soldaten ermordeten.	Die Brüder Zarnajew, die Menschen beim Boston Marathon ermordeten.	Zwei tschetschenische Selbstmordattentäterinnen, die sich am 5. Juli 2003 bei einem Rockfestival in Moskau in die Luft sprengten; zwei *Selbstmordattentäterinnen*, die sich am 29. März 2010 in Moskau in die Luft sprengten und 39 Personen töteten, 71 verletzten.	Zwei Selbstmordattentäterinnen, die sehr wahrscheinlich von al-Qaida angestiftet wurden und sich am 1. Februar 2008 auf einem Markt in Bagdad in die Luft sprengten, wo sie 99 Personen töteten.
Gruppe von mehreren Personen	Die „Roubaix-Gang" in Frankreich; die mit al-Qaida verbündete al-Schabaab-Miliz in Somalia; al-Qaida im islamischen Maghreb in Algerien; al-Qaida im Irak; die al-Nusra-Front in Syrien, inzwischen ein Ableger von al-Qaida, Laschkar e-Taiba in Indien (Kaschmir).	Anschläge vom 11. September 2001 in den Vereinigten Staaten, Attentate vom Juli 2005 in London.	Anschläge auf eine jüdische Synagoge in Bombay im November 2008 (bei denen Laschkar e-Taiba eine maßgebliche Rolle gespielt hat).	Anschläge vom 11. September; Anschläge vom März 2004 in Madrid; Attentate im Juli 2005 in London.	Die palästinensischen, teschetschenischen, kaschmirischen Selbstmordattentäer, die nationalistische Motive hatten.	al-Qaida und verwandte Gruppen.

Man kann die Radikalisierung in demokratischen Gesellschaften von derjenigen in autoritären Staaten unterscheiden. Sosehr in beiden Fällen der gegen die Gesellschaft gehegte Groll in Verbindung mit einer radikalen Ideologie zur Radikalisierung führt, sosehr rufen die unterschiedlichen politischen Systeme aufgrund ihrer Wesensdifferenz Formen der Radikalisierung hervor, die nicht nur von unterschiedlicher Tragweite und Intensität sind, sondern auch mit ganz verschiedenen Formen der Bildung radikalisierter Gruppen einhergehen.

Im Westen machen radikalisierte Akteure aufgrund der Offenheit des politischen Systems eine verschwindende Minderheit aus. Auch die muslimische Minderheit in den europäischen Ländern (je nach Land zwischen zwei und acht Prozent der Bevölkerung) ist in ihrer überwältigenden Mehrheit gegen den Dschihadismus. Die dschihadistischen Akteure müssen sich daher an delinquente Jugendliche halten, die mit ihnen sympathisieren, in der Regel aber nicht den Schritt wagen, sich ihnen anzuschließen. In den von autoritären Regimen regierten Ländern dagegen verleiht die Illegitimität der Machthaber jeder Opposition, auch der gewalttätigen, eine Legitimität, die der Dschihadismus nutzt, um sich der Komplizenschaft weiter Teile der Bevölkerung zu versichern. So treibt gegenwärtig in Ägypten die Unterdrückung der Muslimbrüder einen Teil ihrer Sympathisanten dem Dschihadismus in die Arme und gibt den radikalen Islamisten recht, die das Scheitern des „friedfertigen Islam" verkünden und daher zur Gewalt aufrufen. Die Gewalt des illegitimen Staates rechtfertigt zum Teil die Gewalt der muslimischen Extremisten, deren Sympathisanten sehr viel zahlreicher sind als in den demokratischen Gesellschaften, wo Dissens im politischen Raum artikuliert werden kann. Autoritäre Regime bringen, allgemeiner gesprochen, an den Rändern der Gesellschaft Extremismen in Bevölkerungsschichten hervor, die von den Machthabern doppelt marginalisiert werden, nämlich zum einen so wie die Zivilgesellschaft insgesamt und zum anderen, weil sie an deren Rändern leben. So scheinen die radikalen Islamisten des Kaukasus unter Anführung von Doku Umarov für zwei Attentate in Wolgograd am 29. und 30. Dezember 2013 verantwortlich zu sein, bei deren erstem es 17 Tote und 40 Verletzte und bei deren zweitem es 14 Tote und 28 Verletzte gab. Ein Teil der muslimischen Bevölkerung des Landes, in dem allgemeine Korruption und eine repressive Regierung herrschen, sympathisiert mit den Radikalisierten, die in den Untergrund gehen, um den Kampf aufzunehmen. Das ist in Westeuropa anders, wo selbst die ausgeschlossenen und stigmatisierten Muslime der Vorstädte oder Armenviertel mit dem Credo der Dschihadisten nicht ohne Weiteres einverstanden sind, auch wenn ihre Kränkung durch Islamophobie und soziale Ablehnung eine diffuse Sympathie erzeugen mag.

In Gesellschaften, die von autoritären Staaten regiert werden, sind in gewisser Weise alle Bürger Opfer politischer Exklusion und fühlen sich übervorteilt, zumal wenn sie den Eindruck gewinnen, als Muslime Bürger zweiter Klasse zu sein, die vom Gesetz nicht geschützt werden und der Willkür der Regierenden überantwortet sind. Der Dschihadismus gewinnt dann eine ungleich größere Tragweite als in demokratischen Gesellschaften, in denen die Bürger von Rechts wegen von einer weniger willkürlichen Gerichtsbarkeit profitieren. Die demokratische Dimension, die zunächst die Entstehung des Extremismus – religiös oder nicht – begünstigen mag, dämmt ihn langfristig ein, und sei es auch nur, weil die von Terrorakten erzeugte Unsicherheit die öffentliche Meinung gegen ihre Urheber umschlagen lässt. In Ländern, in denen eine Autokratie herrscht (wie in zahlreichen arabischen Ländern, Russland oder den Republiken Zentralasiens), gibt es keine öffentliche Meinung – oder sie wird mundtot gemacht und kann folglich keinen mäßigenden Einfluss auf Gruppen ausüben, die anfällig für Radikalisierung sind. Allein die Angst vor der Gewalt eines tyrannischen Staats könnte dort dem Extremismus vorbeugen, aber das kann nur ein negativer Faktor sein. So erleben wir ein Erstarken von radikalisierten Gruppen in Ländern wie dem russischen Kaukasus, wo das Kaukasus-Emirat Zulauf aus den jungen Generationen hat und diese zu Attentaten anstiftet, nicht allein in der Region, sondern auch in Moskau (Doppelanschlag auf die U-Bahn im März 2010: 40 Tote; Selbstmordattentat am Flughafen Moskau-Domodedowo am 24. Januar 2011: 37 Tote).

Die Rolle des Fundamentalismus im Prozess der Radikalisierung

Ist der Fundamentalismus der Vorhof zur Radikalisierung oder wirkt er ihr entgegen?

Der Fundamentalismus kann mehr oder weniger strikte Formen annehmen: junge Frauen, die Vollschleier tragen, obwohl es gesetzlich verboten ist; Forderung nach islamischen oder jüdischen Einrichtungen im öffentlichen Raum durch Vertreter dieser Religionen; Bekehrungseifer von Jüngern der Pfingstbewegung; Kampf der Zeugen Jehovas für das Recht, eine Bluttransfusion für ihre Kinder abzulehnen, selbst wenn sie lebensnotwendig ist. Je nach Religion und nationalem oder internationalem Kontext ist er unterschiedlich radikal. Der Griff zur Gewalt aus fundamentalistischen Motiven hat bei Katholiken, Protestanten, Juden und Muslimen nicht dieselbe Gestalt.

Im heutigen Christentum gibt es keine nennenswerte Bereitschaft zum Heiligen Krieg. Im Judentum der 1970er bis 1990er Jahre waren vereinzelte Ansätze vorhanden, aber im Europa des beginnenden 21. Jahrhunderts finden sich praktisch keine derartigen Tendenzen. Der dschihadistische

Islam ist die einzige große religiöse Bewegung, die sich der heiligen Gewalt gegen die „Ungläubigen" verschrieben hat. Gewiss hat diese Tendenz statistisch betrachtet in Europa seit 2005 keine signifikante Wirkung gezeigt, aber die Drohung ist erheblich, und es gibt seither in Europa wie in den Vereinigten Staaten eine Reihe von Anschlagsversuchen, zu denen sich Täter unter Berufung auf die dschihadistische Version der Religion Allahs bekannt haben.

In Europa lassen sich zwei Hauptströmungen des islamischen Fundamentalismus unterscheiden. Tablighi Jamaat oder Jamaat al-tabligh wal-dawa (Gemeinschaft für Verkündung und Bekehrung), eine transnationale, seit dem Ende der 1920er Jahre bestehende religiöse Vereinigung, deren Geburtsstätte Pakistan ist, ist eine der Organisationen, die man als „fundamentalistisch" bezeichnen kann, ohne dass diese Bezeichnung irgendeine pejorative Bedeutung hätte. Tatsächlich handelt es sich um eine Form der Religiosität, die sich als umfassend versteht, also alle Dimensionen der gläubigen Existenz einbeziehen will und sich auf die grundlegende Bedeutung der *dawa*, der Bekehrung oder Mission beruft. Die Vereinigung, die Niederlassungen in ganz Europa hat, predigt eine rigoristische, aber unpolitische Auffassung des Islam, und ihr Aktivismus beschränkt sich auf den Aufruf zum Glauben, der sich namentlich an die „laxen" Muslime richtet, die eine lockere Religionsausübung pflegen. Kleine Gruppen ziehen jede Woche los, vor allem in die französischen Vorstädte, und rufen junge Franzosen auf, sich ihren Reihen anzuschließen. Der Bekehrungseifer hat vor allem eine Jugend im Visier, die oft im Gefängnis endet und in den „ausgegrenzten" Vierteln lebt, in denen Delinquenz und Abwesenheit sozialer Normen herrschen. Tablighi Jamaat will diese Jugendlichen zu *Born-again*-Muslimen machen, deren Wiedergeburt im Bekenntnis zu ihrer Version des Glaubens besteht.

Eine andere, sehr viel weniger straff organisierte Gruppe, die Salafisten, deren Mitglieder eine gemeinsame religiöse Identität in der Ablehnung der „permissiven“ Gesellschaft und in der Rückkehr zur mutmaßlichen Lebensweise des Propheten finden, hat derzeit in Frankreich und Europa Aufwind. Die Salafisten verfechten eine „buchstabengetreue“ Auslegung des Korans, und haben sich auf eine rigoristische Auffassung verlegt, die viel dem in Saudi-Arabien beheimateten Wahhabismus verdankt. Sie lehnen die Aufweichung der Unterscheidung Mann/Frau, die Gleichheit der Geschlechter und den Laizismus ab. Sie praktizieren den Islam in einer gleichsam sektiererischen Gestalt: Sie heiraten möglichst innerhalb der Gruppe (wie die Tablighi Jamaat), markieren ihre Identität durch das Tragen eines Bartes, der Dschellaba, des Kameez und, bei den Frauen, des mehr oder weniger blickdichten Schleiers bis zur Vollverschleierung.

Leisten diese Formen des islamischen Fundamentalismus dem Übergang zum radikalen Islam Vorschub? Die eindeutige Antwort auf diese Frage lautet, dass diese Glaubensweisen in der überwältigenden Mehrheit der Fälle – im Gegenteil – ein Bollwerk gegen die Radikalisierung darstellen. Aber das Problem kompliziert sich, wenn einige wenige (eine verschwindende Minderheit) zunächst dieser Organisation beitreten, um sie dann zu verlassen und sich selbst zu radikalisieren oder sich sehr viel gewalttätigeren religiösen Gruppierungen anzuschließen. In diesem Fall kann man vermuten, dass der Fundamentalismus sozusagen die Unterweisung in einer hermetischen Auffassung des Islam übernimmt, die schließlich in eine gewaltbereite Tendenz umschlägt. Gefährdete Personen mögen den Anschluss an solche Organisationen als Propädeutik zu der gewalttätigen Variante der Religion erfahren, aber dabei handelt es sich um eine subjektive Wahrnehmung und nicht um ein Ziel oder gar eine erklärte Absicht der jeweiligen Organisation.

Religiöser Fundamentalismus kann zur Desozialisierung des Individuums führen. Wer sich etwa dem Salafismus anschließt, verschließt sich dem Zusammenleben in der Gesellschaft und lehnt eine tolerante Haltung gegenüber anderen Religionen (die er als lax oder pervertiert erfährt) ebenso ab wie die Promiskuität (die er fortan als Sünde begreift) sowie alle Formen des Konsumismus, vor allem Alkoholkonsum, sexuelle Freiheit, kurzum: jedes Verhalten, das den engen Rahmen sprengt, den ihm seine religiösen Überzeugungen setzen. Der Fundamentalismus ist damit in gewisser Weise eine Schule der Intoleranz, die ihre Adepten dazu erzieht, anderen Verhaltensweisen jegliches Recht abzusprechen. Solange diese Intoleranz sich im Rahmen einer normativen Konzeption hält, die keine Gewaltanwendung gegenüber anderen vorsieht, ist der Salafismus mit anderen Form des Sektierertums vergleichbar, die von säkularen Bürgern als illegitim, aber nicht als illegal betrachtet werden.

Der Unterschied zwischen dem Islam und anderen monotheistischen Religionen besteht derzeit darin, dass diese Intoleranz unter dem Einfluss einer ausgesprochen randständigen, aber nicht geächteten Version der Religion Allahs, des Dschihadismus, in Gewalt umschlagen kann. Zu diesem Umschlag kommt es nur sehr selten, aber einige Anhänger der Tablighi Jamaat oder des Salafismus haben sich nach dem Verlassen dieser Organisationen dem islamistischen Radikalismus angeschlossen.

Das Problem ist, dass eine ungerechtfertigte Ausweitung dieses Verdachts auf sämtliche Anhänger des islamischen Fundamentalismus zu einer Stigmatisierung führt, die am Ende zu der Radikalisierung beiträgt, die sie vermeiden wollte – ine Form der *Self-Fulfilling Prophecy*, die jene, die man ob ihrer fundamentalistischen Haltung des Radikalismus verdächtigt, erst in die Radikalisierung treibt. Das wirft ein Licht auf eine französische Besonderheit: Eine „fundamentalistische" Version des Laizismus ist dazu angetan, die

Radikalisierung derer zu befördern, die sich andernfalls an den sektiererischen Fundamentalismus gehalten hätten. Bedenkt man die Fixierung eines Teils der französischen Gesellschaft auf den islamischen Schleier und die Zahl der Regelungen und Gesetze, die man verabschiedet hat, um gegen dieses empörende religiöse Insignium vorzugehen, so kann man ermessen, welchem Generalverdacht der islamische Fundamentalismus dadurch ausgesetzt wurde und wie sehr eine solche Stigmatisierung dazu beiträgt, bestimmte Anhänger in eine Haltung radikaler Unversöhnlichkeit zu treiben. Das Gesetz von 2004, das ostentativ zur Schau getragene religiöse Zeichen an Schulen verbot, dann, 2010, das Gesetz über den Vollschleier, erhitzte Debatten über das Tragen des Schleiers in Einrichtungen zur Kleinkinderbetreuung (die Affäre um die Kinderkrippe „Baby Loup“, in der eine Betreuerin, die das islamische Kopftuch trug, entlassen wurde, eine Entscheidung, die das Gericht wieder aufhob) – all das zeugt von einer Fixierung auf die Religion Allahs, die nicht nur bei strenggläubigen Muslimen Unbehagen erzeugt und von manchen als islamophob betrachtet wird. Angesichts der Animosität, die bestimmte laizistische Gruppierungen gegenüber der islamischen Kleiderordnung und, allgemeiner, gegenüber dem Islam im öffentlichen Raum an den Tag legen, wird man von einem „laizistischen Fundamentalismus“ sprechen dürfen.

Das ändert freilich nichts daran, dass es die dschihadistische Radikalisierung, so sehr sie sich zu ihrer Rechtfertigung auf die Intoleranz gegenüber dem Islam berufen mag, auch ohne den laizistischen Fundamentalismus geben würde. Was sie ihren Widersachern zur Last legt, ist mehr als das, was die Affäre um den islamischen Schleier hergibt. Die islamische Intoleranz schöpft aus den sprudelnden Quellen der extremistischen Ideologie einer neuartigen und transnationalen gesellschaftlichen Gruppierung, die sich dem Heiligen Krieg gegen die ganze Welt verschrieben hat. Und die Frage des islamischen Fundamentalismus stellt sich in einer französischen Gesellschaft, in der die nationale Identität, ihrer Natur nach zutiefst politisch, durch die ökonomische Globalisierung ebenso in Frage gestellt wurde wie durch die Einschränkung der nationalen Autonomie in einem Europa, das dem angelsächsischen Multikulturalismus sehr viel näher steht als dem französischen Laizismus.

Der Salafismus: Eine neue Ausprägung des Sektierertums im Islam

Vor fünfzehn Jahren hatten in den französischen Vorstädten die Tablighi Jamaat noch Rückenwind. Gegenwärtig sind die Salafisten im Begriff, sie zu verdrängen. Ihre dezentrale und anpassungsfähige Organisationsform, ihre Verteidigung der wahhabistischen Spielart des Islam, ihre Art, sich zu kleiden, ihre Weltanschauung, die auf der strikten Segregation von Mann und Frau besteht, und ihre Zurückweisung jedes Kompromisses mit modernen Idealen machen aus ihnen die beispielhaften Verfechter der rigoristischen Variante des Islam – eine Kennzeichnung, die sie in dem Maße zurückweisen, in dem sie sich ganz einfach als Verteidiger des einzig wahren Islam verstanden wissen wollen. Wo sie sich begegnen, tun sie sich zusammen; der lokale Zusammenhalt ist eng, und ihre Kleidung erlaubt es den Adepten, einander auf Anhieb zu erkennen. In den Vorstädten wie im Gefängnis bleiben sie bei ihrer spezifischen Form der Religionsausübung. Sie verkörpern ein islamisches Ideal, das auf zwei Grundsätzen beruht: ein auf die Schrift (den Koran) gegründeter Rigorismus; und eine Lektüre des Korans sowie der *hadithe*, die keine Toleranz, keine Offenheit für die Vielfalt religiöser Konzeptionen kennt. Eine grundlegende Funktion des Salafismus ist es, der Anomie entgegenzuwirken, da er auf komplexe reale Probleme, die für die Moderne typisch sind, einfache imaginäre Antworten bereit hält und dem Gefühl der Verlassenheit und des Orientierungsverlusts entgegenwirkt, unter dem seine Anhänger leiden. Er setzt dort Grenzen, wo die Moderne sie aufzulösen droht: eine Grenze zwischen den Rechten des Mannes und denen der Frau (moderner Egalitarismus), zwischen Erlaubtem und Verbotenem (in der anomischen modernen Welt gilt alles als erlaubt, wenn es dem anderen keinen Schaden zufügt, was den Horizont des Möglichen erweitert und zugleich das Individuum auf eine harte Probe hinsichtlich seiner Freiheit stellt), zwischen dem Gerechten und dem Ungerechten und schließlich zwischen dem, was dem Menschen und seinem Willen, und dem, was Gott in seiner Allmacht obliegt ... Das Religiöse wird allgegenwärtig und umfängt mit seinem Netz vieles, was moderne Gesellschaften dem freien Willen des Einzelnen oder aber kollektiven demokratischen Entscheidungen anheimstellen.[44] In seiner salafistischen Konzeption stellt sich der Islam als Gegenmittel wider die Zügellosigkeit und das moderne Unvermögen dar, das Leben zu meistern, es nicht in Hoffnungslosigkeit und Nihilismus versinken zu lassen. Tatsächlich schließen sich zahlreiche Sympathisanten dem Salafismus eine Zeit lang an, um sich dann wegen seines Rigorismus wieder von ihm zu lösen. Aber zugleich hat sich ein harter Kern gebildet, der inzwischen in einer nationalen, ja lokalen Tradition wurzelt: Die Bewegung kann sich einer Nachfolgegeneration rühmen, die sich auf den Spuren der vorhergehenden bewegt, vor Ort Arabisch gelernt hat, sich der Koranlektüre widmet, unabhängig vom Urteil der Imame anderer Glaubensvarianten (wie jenen der Pariser Moschee) festlegt, was erlaubt und was verboten ist, und im Zuge der fortschreitenden Ausbreitung dieser Spielart des Islam in den großen Städten und Vorstädten neue Kultstätten in Besitz

---

[44] Für die Salafisten ist die moderne Demokratie eine Form der Idolatrie. Rechtsprechung und Politik unterstehen allein Gott, dessen Befehle im Koran und in den Hadithen niedergelegt sind.

nimmt (siehe Adraoui 2013). Die weit überwiegende Mehrheit derer, die sich der Hauptströmung des Salafismus in den marginalisierten Vierteln anschließen, geht auf Distanz zum Dschihadismus. Ihnen geht es vor allem um eine Islamisierung von unten, und sie träumen weniger vom Dschihad als vielmehr von der Hidschra, dem Auszug in die islamischen Länder, wo sie ihren Glauben freier als im laizistischen Frankreich leben könnten. Aber manche ihrer Anhänger, denen diese Spielart des Glaubens zu unverbindlich ist, entscheiden sich für eine extremistische Konzeption, die ihnen den Weg zum bewaffneten Kampf freimacht.

Die Salafisten sind fortan Teil der muslimischen Landschaft in Frankreich und der großen Städte, wo man stets einige ihrer Anhänger findet. In mehreren dieser Städte verfügen sie bereits über eine eigene Moschee. Der größte Teil der Konvertiten erliegt der Anziehungskraft ihrer rigoristischen Version des Islam, die im Übrigen zahlreichen Muslimen als die legitimste erscheint, auch denen, die ihr nicht strikt folgen. Innerhalb eines Jahrzehnts ist eine Führungsschicht Intellektueller entstanden, die festsetzt, was erlaubt und was verboten ist. Die Anhänger lernen mit Hingabe Arabisch und machen sich kundig, welche Hadithe ihre Ansichten, die sich auf die unterschiedlichsten Lebensbereiche erstrecken, gegenüber anderen Versionen des Islam (wie dem muslimischen Reformismus) zu stützen vermögen.

So dogmatisch sie in Glaubensfragen sind –so vereinbaren manche Salafisten ihre Überzeugungen durchaus mit zahlreichen Verstößen wie dem Drogenhandel, von denen man glauben sollte, sie seien mit religiöser Orthodoxie unvereinbar; und sie rechtfertigen dies mit dem Hinweis auf die Notwendigkeiten einer von der *dschahiliyya* geprägten Gesellschaft, also einer, in der der Glaube an Allah nicht herrscht und die islamischen Werte nicht respektiert werden.

Das Phänomen des Salafismus ist zweideutig. Die große Mehrheit der Salafisten radikalisiert sich nicht, sondern vertritt einen rigoristischen Fundamentalismus, dessen geschlossener Horizont eher einer sektiererischen Religiosität entspringt als dem Willen, die Gesellschaft mit Gewalt zu bekämpfen. Gewiss bricht diese religiöse Konzeption mit den vorherrschenden Formen und geht mit einer Lebensweise einher, die droht, das Individuum, das sich ihr anschließt, zu desozialisieren. Aber der Salafismus stellt eine Herausforderung der geltenden laizistischen Normen im Namen des Fundamentalismus, nicht des Dschihadismus dar.

Radikalisierung im Gefängnis

Radikalisierung kann sich als gesamtgesellschaftliches Phänomen auch in bestimmten Organisationen und Institutionen abspielen, im Gefängnis, in der Armee, in der Schule, ja im Krankenhaus …

Während freilich in der Schule, im Krankenhaus oder in der Armee bislang keine massive Radikalisierung zu beobachten war, sieht es im Gefängnis insofern anders aus, als die Haft eine Zwangsgemeinschaft verurteilter oder auf ihr Urteil wartender Individuen ist, die oft ein gespanntes Verhältnis zur Gesellschaft haben und unter sozialer Frustration, wirtschaftlicher Exklusion oder kultureller Stigmatisierung leiden. Bei ihnen kann sich der institutionelle Zwang in einer zusätzlichen Radikalisierungsbereitschaft auswirken.

Die Radikalisierung im Gefängnis stellt die Triftigkeit der *Rational-Choice*-Theorie in Frage – zumindest hinsichtlich eines großen Teils derer, die wir „Radikalisierte“ im Unterschied zu den „Radikalisierern“ genannt haben. Der Radikalisierer macht sich die psychische Instabilität des Individuums zunutze, das er für seine extremistischen Absichten gewinnen will, ohne die Aufmerksamkeit der Geheimdienste zu erregen. Darum entscheidet er sich für eine sehr kleine Gruppe (zwei oder drei Personen). Die Beobachtung dieses Phänomens an einem konkreten Fall im Gefängnis wirft ein besonderes Licht auf dieses neue Modell. Ein mental sehr instabiler junger Mann (zerrüttete Familie, Gewalt und Schwierigkeiten, nach dem Verlassen des Elternhauses in ein neues Leben zu finden ...) verbüßt eine Haftstrafe ohne Bewährung von über zehn Jahren für Verbrechen in einem besonders schweren Fall, nachdem der Richter seiner Beteuerung, die Tat nicht geplant zu haben, keinen Glauben geschenkt hat. Ein radikaler Islamist tritt an ihn heran, dem es ein Leichtes ist, die psychische Kontrolle über den labilen jungen Mann zu gewinnen, ihn zu indoktrinieren und auf den Heiligen Krieg einzuschwören. Die Arbeit der Radikalisierung ist schon getan, als die Gefängnisdirektion den Einfluss des Radikalisierers auf den fraglichen Gefangenen erkennt und Ersteren in ein anderes Gefängnis verlegt. Nach dieser Trennung verschlimmert sich der Zustand des Radikalisierten. Tatsächlich steht er unter dem Bann des Radikalisierers, buchstäblich verhext von dessen Sicht der Dinge und völlig unfähig, Kritik zu üben oder sich selbst ein Bild von der fraglichen Weltanschauung zu machen (die meisten Radikalisierten entsprechen nicht diesem Fall, da sie sich auf mehr oder weniger durchdachte Weise mit einer Ideologie identifizieren). Solange die Themen der Radikalisierung in Gestalt des Radikalisierers leibhaftig präsent sind, geht es dem Gefangenen gut, seine Führung bessert sich, er blüht zeitweise sogar auf wie manisch-depressive Patienten während der manischen Phase. Aber nach der Verlegung des Radikalisierers versinkt der Radikalisierte in einer Depression, die schwerer ist als je zuvor, und zeigt die unterschiedlichsten Symptome der verhängnisvollen Wirkung, die die Verhexung auf sein Verhalten hat (Abkapselung, Suizidgefahr, Gewalt gegen andere Gefangene, dschihadistische Phantasien). Dasselbe Schema findet man bei mehreren Fällen einer von der Außenwelt abgekapselten Radikalisierung *à deux* (mit geringfügigen Unterschieden, je nach Bewusstheitsgrad des Radikalisierten).

Dieser neue Radikalisierungstyp lässt die psychische Normalität eines nicht unerheblichen Teils der beteiligten Personen, der Radikalisierten wie der Radikalisierenden, fraglich erscheinen, während diese Normalität von den tonangebenden Theorien für die meisten der Akteure behauptet wird.[45] Es sind namentlich psychisch gefährdete, ja psychopathische und instabile Personen, die in den Gefängnissen dem Zauber der Radikalisierung erliegen. Sie finden umso leichter Zugang zu sehr kleinen Gruppierungen, als es heute unmöglich geworden ist, Gruppen mit einem festen Gefüge zu bilden, in denen die instrumentelle Vernunft die Oberhand gewinnen könnte. In Gruppen wie al-Qaida vor dem 11. September 2001 waren um der Schlagkraft willen psychisch zu wenig belastbare Personen ausgeschlossen. Innerhalb des neuen Paradigmas häufen sich psychische Störungen unter den charismatischen Anführern (den „Radikalisierern") wie unter den „Radikalisierten".

Wenn der Islam von vielen Inhaftierten als Bezugspunkt gewählt wird, dann weil er in Europa die „Religion der Unterdrückten" geworden ist, von der die Jugendlichen aus den Familien der zweiten oder dritten Generation maghrebinischer Einwanderer, die unter der Anomie, aber auch

---

[45] Die Literatur über die radikalen Islamisten bescheinigt ihnen im Allgemeinen in ihrer großen Mehrheit „Normalität". Das Problem dabei ist, dass diese Literatur auf der Untersuchung des Dschihadismus der beginnenden 2000er Jahre beruht, als das Modell von al-Qaida maßgeblich war. Dem neuen Paradigma, das seither aufgetaucht ist und sich dadurch auszeichnet, dass die radikalisierten Akteure oft in alle Himmelsrichtungen verstreut und psychisch instabiler sind, schenkt diese Literatur daher keine Beachtung. Siehe zum Beispiel die Arbeiten von Diego Gambetta (2005) und Marc Sageman (2004, 2008), die noch ganz vom „klassischen" Typus des Dschihadismus ausgehen.

unter dem Rassismus leiden, ebenso angezogen werden wie die jungen Konvertiten. Sie finden im radikalen Islamismus eine antiimperialistische Dimension wieder, wie sie sich in den 1970er Jahren in den linksextremen Bewegungen verkörperte, die heute von der Bildfläche verschwunden sind – zumindest in ihren gewaltbereiten Spielarten. Sich auf den Islam zu berufen, kann also ganz Unterschiedliches bedeuten, von der antiimperialistischen Entschlossenheit, mit dem überheblichen Westen die Klingen zu kreuzen, bis zum Wunsch, zur patriarchalen Familie mit ungleicher Rollenverteilung zwischen Mann und Frau zurückzukehren. Für die jungen Frauen, die sich dem Islamismus anschließen – was sie sehr viel seltener als die Männer tun –, bedeutet dies eine paradoxe Selbstbehauptung im Bruch mit den kulturellen Orientierungen des Westens, die in ihrem Bekenntnis zu einem Patriarchalismus auf dem Spiel steht – gegen alle Errungenschaften der feministischen Bewegungen des letzten halben Jahrhunderts.

Das Gefängnis ist in Frankreich der Schmelztiegel, in dem die Identitätskrise der Nachkommen nordafrikanischer Einwandererfamilien auf besonders günstige Entfaltungsbedingungen stößt – und sei es nur wegen des hohen Anteils dieser Nachkommen an der Gefängnispopulation (aller Wahrscheinlichkeit nach machen Muslime ungefähr die Hälfte der Häftlinge aus, obwohl ihr Anteil an der Gesamtbevölkerung Frankreichs ungefähr acht Prozent beträgt).[46]

---

[46] In den Einzugsgebieten der großen Städte, insbesondere in der Île-de-France sowie der Gegend um Lyon und Marseille, schwankt der Anteil der Inhaftierten, die sich zur Religion Allahs bekennen (unter Einschluss der nicht praktizierenden Muslime) zwischen vierzig Prozent und siebzig Prozent aller Gefängnisinsassen. Diese Zahlen sind freilich nicht durch statistische Erhebungen belegt, sondern beruhen auf indirekten Hinweisen (Angaben der Imame, Zahl der während des Ramadans ausgegebenen Mahlzeiten und der arabischen Namen oder Vornamen, Schätzungen von

Einerseits spiegeln sich in der Radikalisierung im Gefängnis die Hauptentwicklungen der französischen Gesellschaft, andererseits herrschen in der Haft spezifische Bedingungen. Die Kontrolle durch die Behörden ist sehr viel größer als draußen, aber der Prozess der Radikalisierung kann, nicht zuletzt aufgrund der Überbelegung, intensivere und neuartige Formen annehmen. Die Rolle des Fernsehens ist ebenfalls nicht zu vernachlässigen. Derzeit hat man in der Haft für weniger als zehn Euro monatlich Zugang zu verschiedenen öffentlichen Sendern. Das Fernsehen spielt in der Sozialisation der Häftlinge eine beherrschende Rolle und sorgt auch für eine Verschärfung des Gefühls der Ungerechtigkeit, von der die muslimische Welt mit ihren Krisen und im Zuge direkter oder indirekter Interventionen des Westens heimgesucht wird. Interessant ist die Reaktion der muslimischen Häftlinge nach den Anschlägen von Mohammed Merah: Die meisten Interviewpartner waren der Ansicht, Merah hätte keine Kinder, selbst keine jüdischen angreifen dürfen; und wenn einigen seine Taten durch den Islam inspiriert schienen, sahen andere darin nur blindwütigen Hass. Entscheidend ist freilich, dass viele der Gefangenen ihren wirklichen Standpunkt auf die eine andere Weise verhehlten, aus Angst, ich könnte ein Spitzel der Polizei oder des Gefängnisses sein. Es waren andere Gefangene, zuweilen ältere, die offener sprachen und mich darüber aufklärten, welche Bewunderung ein Teil der jüngeren Gefangenen Merah entgegenbrachte, trotz der von den meisten missbilligten Kindermorde. Mohammed Merah ist in diesem Jahrzehnt ein wenig der heimliche Held von Teilen der Jugendlichen aus den Vorstädten und Gefängnissen, wie Khaled Kelkal es vor fünfzehn Jahren war – und beide

---

Gefängniswärtern, die im direkten Kontakt zu den Inhaftierten stehen …; vgl. Khosrokhavar 2004).

wurden von den Ordnungskräften getötet, was sie für die einen zum Helden, für die anderen zum Märtyrer macht.

Die Radikalisierung im Gefängnis hängt auch von den jeweiligen Haftbedingungen ab. Die Organisation des Gefängnisses, ja selbst seine Architektur können die Radikalisierung begünstigen oder hemmen. In bestimmten Gefängnissen wie dem Zentralgefängnis von Clairvaux hat eine Tradition der „liberalen" Verwaltung und Toleranz die den Haftbedingungen geschuldete Frustration und die Radikalisierung, zu denen sie führen kann, in Grenzen gehalten. Umgekehrt kann in Gefängnissen, die als besonders streng gelten, die Folge von Demütigungen und Frustrationen ebenso zur Radikalisierung beitragen wie die Taubheit, mit der die Behörden auf legitime Forderungen und Bitten reagieren – Zugang zu Unterhaltung und vor allem Sport, anständige Unterbringung in Zellen mit höchstens zwei Insassen, normale Bedingungen für die Ausübung ihres Glaubens (gemeinsames Freitagsgebet), weniger drakonische Einschränkungen beim Besuch von Familienangehörigen im Besuchszimmer etc.

Frustration im Gefängnis

Aus einer ganzen Reihe von Gründen, zu denen auch die zu geringe Zahl der Anstaltsgeistlichen zählt, können Muslime in vielen Gefängnissen nicht das gemeinsame Freitagsgebet verrichten. Das führt zu tiefen Frustrationen, selbst bei den nicht praktizierenden muslimischen Gefangenen, die diese Unmöglichkeit als Ausdruck der Geringschätzung des Islam seitens der Gefängnisbehörde erleben. Es tut wenig zur Sache, ob dieses Gefühl berechtigt ist oder nicht (teilweise ist es das, und das gilt zumal für die Haltung eines Teils des Personals, aber manches, was die Gefangenen den Gefängnisbehörden zur Last legen, kann auch anderen

Gründen als der Islamophobie zugerechnet werden). Zu Recht oder zu Unrecht – viele Gefangene sind überzeugt, dass der Islam gegenüber dem Christentum und Judentum benachteiligt und diskriminiert wird. Sie führen gern die Restriktionen an, denen die muslimische Religionsausübung unterliegt – insbesondere die Tatsache, dass es in vielen Gefängnissen kein gemeinsames Freitagsgebet gibt, während die sonntägliche Messe oder die Gebete am Sabbat selbstverständlich sind.

Dazu kommen weitere Frustrationen:

- die Schwierigkeit, einen Gebetsteppich bei sich zu tragen. Gebetsteppiche werden häufig von den Gefängnisbehörden verboten, weil als ostentativ zur Schau getragenes Zeichen der Religiosität im öffentlichen Raum gilt, was für die Gefangenen integraler Bestandteil ihres privaten Gebets ist (aber auch des gemeinsamen Gebets, da es in den meisten Andachtsräumen in Gefängnissen an einem großen Teppich fehlt). Zudem gibt es Gebetsteppiche, in die ein (metallener) Kompass eingearbeitet ist, der anzeigt, in welcher Richtung Mekka liegt. Da sich noch weitere metallene Gegenstände im Teppich finden könnten und er zur Überprüfung aufgetrennt werden müsste, kann man mit ihm die Kontrollen nicht mehr passieren;
- das Verbot, die Dschellabah und den Kameez zu tragen, die von der Gefängnisverwaltung in den meisten Gefängnissen ebenfalls als ostentativ zur Schau getragenes Zeichen der Religiosität behandelt werden;
- die Schwierigkeit, die es in vielen Gefängniskantinen gibt, Fleisch oder andere Lebensmittel zu bekommen, die *halal* sind. Die Gefangenen betrachten die Marken, von denen Huhn oder anderes als *halal* geführtes Fleisch stammen, oft nicht als vertrauenswürdig und unterstellen dem Gefängnis, sie täuschen zu wollen. Zum Beweis

führen sie oft Fernsehberichte an, in denen diese Marken angeprangert werden;

- der Mangel an Imamen, denen man seine Sorgen und Beschwerden anvertrauen könnte. Wie der Priester für die Katholiken ist der Imam im Gefängnis vor allem eine Art Vertrauter für den Gefangenen, der eine religiös fundierte Antwort auf seine Besorgnisse hat. Bevor sie mit einem Imam sprechen können, müssen die Gefangenen ihm aber häufig schreiben und Wochen warten, bis ein erster Besuch organisiert wird – falls es überhaupt dazu kommt. Für Gefangene, die das Bedürfnis haben, mit einer vertrauenswürdigen Person zu sprechen, ist das ein langer Aufschub und schwer zu ertragen;
- zu kleine Essensportionen für Gefangene, die das Fastenbrechen nach dem Ramadan feiern wollen. Die Zusatzration – Milch, Datteln, Fruchtsaft und ein paar andere Lebensmittel – ruft bei den Gefangenen offenbar Zorn oder bittere Ironie hervor, die darin ein Zeichen unverhohlener Missachtung ihrer Religion und Person seitens der Gefängnisleitung sehen. Im Vergleich mit der Dürftigkeit dieser Zuteilung wird das übliche Weihnachtspaket zum Problem für muslimische Gefangene, die sich fragen, warum es solche Pakete nicht auch an muslimischen Festtagen gibt, und darin einen Ausdruck der Vorherrschaft des Christentums in einer Republik ausmachen, die sich doch als laizistisch verstanden wissen will.

Alles in allem erlebt ein Teil der Muslime im Gefängnis den Islam als eine Religion, die als minderwertig behandelt wird und deren Anhänger genötigt werden, ihr Dasein im Zustand „innerer Unterdrückung" zu fristen. Das Gefühl der Viktimisierung ist bei diesen Muslimen extrem ausgeprägt und lässt sich unschwer in die Sprache einer verallgemeinerten Frustration übersetzen.

Die muslimischen Gefängnisgeistlichen und ihre schwierige Mittlerrolle

Binnen eines knappen Jahrzehnts hat sich die Zahl muslimischer Geistlicher in den Gefängnissen mehr als verdoppelt: 2005 waren es noch 60, 2014 sind es ungefähr 160. Aber dieser Anstieg verdeckt einen erheblichen Mangel. Bedenkt man, dass die Hälfte aller Gefangenen muslimischen Glaubens ist (genaue Zahlen liegen aus rechtlichen Gründen nicht vor, aber dieser Anteil, der nichtpraktizierende Muslime einschließt, wurde uns während unserer Gespräche von den Verantwortlichen bestätigt), so müsste die heutige Zahl mindestens verdreifacht werden, um die Forderung muslimischer Gefangener nach Gleichstellung mit Katholiken und Protestanten zu erfüllen.

Die zu geringe Zahl der Imame ist insbesondere in Gefängnissen im Umkreis der großen Städte augenfällig. Der akute Bedarf der Gefangenen kann unter den gegenwärtigen Bedingungen nicht befriedigt werden. Und diese Unterbesetzung macht es möglich, dass radikalisierte Individuen an Einfluss gewinnen, die als selbsternannte Imame auftreten, einem Teil der Gefangenen ihre radikale Lesart des Islam nahebringen und dafür sorgen, dass der Hass auf die Gesellschaft, den bestimmte Gefangene und zumal solche nordafrikanischer Herkunft hegen, zum heiligen Zorn wird. Sobald der Hass ins Register des Heiligen übertragen wird, kommt es tatsächlich zu einem tiefgreifenden Wandel. Er richtet sich jetzt auf die gesamte Gesellschaft, in einer blinden Wut, die sich in global gewordenen mörderischen Absichten Bahn brechen kann. Diese Wandlung ist ungleich gefährlicher als deviantes oder delinquentes Verhalten Einzelner, die sich bereichern und zu den Mittelschichten aufschließen wollen, aus denen sie sich durch die Feindseligkeit und den Rassismus der restlichen Gesellschaft zu Unrecht ausgeschlossen fühlen.

Ohne einen Seelsorger, der die Sakralisierung des Hasses verhindern kann, drohen die Wut und das Rachebedürfnis total zu werden und das instabile Individuum, das nie anderes als soziale Exklusion und verinnerlichten Achtungsentzug kennengelernt hat, dem Dschihadismus in die Arme zu treiben. Die zum Mythos verklärte Vergangenheit seiner muslimischen Vorfahren, deren Geist ihn heimsucht, wird zur einzigen Referenz auf die Authentizität, derer er sich beraubt fühlt. Im Gefängnis ist daher die Gefahr besonders hoch, dass junge Männer muslimischer Herkunft einen kriegerischen Islam für sich entdecken und einige wenige exaltierte Personen ausreichen, um sie in erbitterte Kämpfer im Namen des Heiligen Kriegs zu verwandeln.

Manche der jungen Männer, die sich radikalisieren, meiden im übrigen die Imame, weil sie sie für „Spitzel" der Gefängnisverwaltung halten oder glauben, deren Kenntnis des Islam sei unzulänglich oder weniger profund als ihre eigene.

Und schließlich wetteifern manche Gefangene in islamischer Gelehrsamkeit. Das betrifft insbesondere das Studium des islamischen Rechts (*fiqh*), die Lektüre und Rezitation des Korans nach den Regeln des *tadschwid* (die schwierige Kunst der Auslegung nach jenen Leseregeln, deren Anwendung über die Lektüre des Korans hinaus Hunderte von Stunden in Anspruch nimmt). Das Gefängnis wird zur Gelegenheit, sich in Vorschriften und Gesetze des Islam vertiefen. Tatsächlich kann dieses Studium die Gefangenen vor der Radikalisierung bewahren. Sie planen dann nicht, in den Heiligen Krieg zu ziehen, sondern nach ihrer Entlassung auszuwandern und sich auf islamischem Boden niederzulassen. An die Stelle des *dschihad* tritt die *hidschra* (Auszug), die eine friedliche Lösung des Konflikts ihrer religiösen Überzeugung mit der säkularisierten Gesellschaft und einen Ausweg aus der Identitätskrise bietet. Ihr Verhältnis zu den muslimischen Gefängnisgeistlichen ist dann „neutral".

Letztlich haben die Imame einen eher positiven Einfluss auf Gefangene, die sich ohne ihre Anwesenheit radikalisieren könnten. Sie führen Begriffe aus dem Koran an, die denjenigen, die vom religiösen Extremismus bemüht werden, entgegenstehen – etwa den der Geduld (*sabr*), dem der Imam eines großen Gefängnisses der Île-de-France mehrere Diskussionsveranstaltungen widmete, um die Notwendigkeit zu unterstreichen, sich in Erwartung besserer, von Gott verheißener Zeiten mit Geduld zu wappnen, statt sich in Abenteuer zu stürzen, die rasche Lösungen versprechen.

Die Radikalisierung in der Haft und ihre Akteure

Unter den Institutionen, in denen es zur Radikalisierung kommen kann, nimmt das Gefängnis also eine Sonderstellung ein. Zu beobachten sind zahlreiche Fälle von Radikalisierung – sei es unter dem Einfluss von Personen, die bereits der Bildung einer terroristischen Vereinigung für schuldig befunden wurden, sei es auf mehr oder weniger selbstständige Weise im Namen einer extremistischen Ideologie, wobei die mit dem Gefängnisleben einhergehende Frustration den Radikalisierungsprozess vorantreibt.

Innerhalb des Gefängnisses lassen sich drei Kategorien radikalisierter Akteure unterscheiden

- diejenigen, die schon eine handfeste Vergangenheit als „Terrorist" haben (verurteilt wegen „Bildung einer terroristischen Vereinigung");
- diejenigen, die den Schutz eines Anführers suchen, um Repressalien von Bandenchefs oder anderen Personen zu entkommen, die ihre physische oder moralische Schwäche ausnutzen wollen. Diese Akteure radikalisieren sich aus strategischen Gründen, zumindest anfangs. Später können die Eigenlogik der Aktionen und die Gruppendynamik dafür sorgen, dass sie zu wirklichen Radikalisierten werden;

- diejenigen, die aus ihrer Zugehörigkeit zur islamistischen Bewegung Profit schlagen wollen, um an Prestige oder Handlungsfähigkeit zu gewinnen. Der radikale Islamismus ist für sie ein Sprungbrett, um es zu „Ruhm" zu bringen, vor allem im Gefängnis. Sosehr ihre Gründe sich von denen der ersten Gruppe unterscheiden mögen, sosehr kommen beide doch im Dunstkreis des Terrorismus oder als Selbstradikalisierte faktisch überein.

Die letztgenannte Gruppe bildet sich eher zurück dank der Maßnahmen der Gefängnisverwaltungen, insbesondere engmaschiger und täglicher Überwachung von Personen, die des Terrorismus oder der Rekrutierung von Anhängern überführt sind oder unter dem Verdacht stehen, das Prestige, das sie bei anderen Gefangenen genießen, verdanke sich ihrem Eintreten für den radikalen Islam. Aber etwas davon bleibt, zum Beispiel die Popularität, die Mohammed Merahs Bruder im Gefängnis bei bestimmten jungen Männern genießt. Abdelkader Merah gilt als Bruder eines Helden und partizipiert am Heldenstatus des jüngeren Bruders umso mehr, als seine Inhaftierung beweist, dass er dessen Überzeugungen teilt und ihm vielleicht geholfen hat. Aus der Menge herauszutreten und „Ruhm" zu erlangen, ist entscheidend für diejenigen, die darunter leiden, „weniger als nichts" zu sein.

Eine maßgebliche Rolle bei der Radikalisierung von Gefangenen übernehmen diejenigen, die schon radikalisiert sind. Sie tragen dazu bei, politische Belange in einen religiösen Kontext zu übertragen, von denen die anderen Gefangen sich zuvor gar nicht träumen ließen, dass sie einer Übertragung ins islamische Idiom fähig sind. Diese bereits radikalisierten Gefangenen verkörpern durch ihre schiere Existenz die Politisierung des Islam. Ihre Gewalt steht für das Moment der Aktion, das für die Verwandlung des Religiösen in eine kriegerische Ideologie im Namen einer politischen Konzeption des Heiligen sorgt. Mitunter handelt es sich um charismatische Persönlichkeiten oder „Anführer", die es verstehen, der Frustration gefährdeter Gefangener, die nach einem Sündenbock suchen (Frankreich, der Westen, dieses oder jenes besondere Land), einen Sinn zu geben und ihre Misere in eine heilbringende Aktion umzumünzen. Die radikalen Islamisten überzeugen den Gefangenen davon, dass der Islam weniger individuelle Lebensweise als vielmehr kollektives Gebot und das Politische eine Unterkategorie des Religiösen ist. Danach ist es bereits radikalisierten Gefangenen ein Leichtes, als Übersetzer aus einem Sprachspiel (das Politische) in ein anderes (das Religiöse) zu fungieren. Und danach lässt sich jedes politische oder soziale Ereignis im Lichte des Islam deuten und der Übergang zur sakralisierten Gewalt empfiehlt sich als Wunderlösung.

Ein neuer Radikalismus auf dem Vormarsch

Die Radikalisierung findet in einem internationalen Kontext statt, der vom Auftritt islamistischer, ja dschihadistischer Bewegungen auf der Bühne der muslimischen Welt nach der Iranischen Revolution von 1979 geprägt ist. In den 1990er und 2000er Jahren kam es zu einem Strategiewechsel radikalislamistischer Organisationen wie al-Qaida, deren Zielscheibe sich vom „nahen Feind“, den muslimischen Regimen, auf den „fernen Feind“, die Vereinigten Staaten und Europa (Filiu 2006), verlagerte. Mit den arabischen Revolutionen von 2010/2011 legte der radikale Islamismus in der muslimischen Welt eine vorübergehende Atempause ein, um sich danach umso heftiger zurückzumelden – nicht nur mit dem Auftauchen „gescheiterter“ Staaten wie in Lybien und im Jemen, sondern vor allem mit dem Bürgerkrieg in Syrien. Auf der ganzen Welt, zumal in Europa und ganz besonders in Frankreich, sind Jugendliche, die im Begriff stehen, sich zu radikalisieren, nach Syrien aufgebrochen.[47]

Seit den 1980er Jahren hat der Dschihadismus unterschiedliche Phasen in verschiedenen Ländern durchlaufen, angefangen mit Afghanistan, wo sich wider den sowjetischen Einmarsch von 1979 eine Front bildete, der sich mit

---

[47] „ICSR Insight: European Foreign Fighters in Syria“, 2. April 2013 [online], http://icsr.info/2013/04/icsr-insight-european-foreign-fighters-in-syria-2/. Dieser Studie zufolge halten sich zwischen 135 und 590 europäische Dschihadisten in Syrien auf, darunter zwischen 30 und 90 Franzosen. Seither ist die die Zahl erheblich gestiegen: neuen Quellen zufolge waren es im Dezember 2013 bereits 1500 bis 2000 Europäer, die sich in Syrien aufhielten, darunter auch einige Hundert Franzosen. Vgl. „Syrie: de plus en plus d´Européens grossissent les rangs djihadistes“, *Le Point.fr*, 5. Dezember 2013.

Unterstützung des Westens Islamisten aller Art anschlossen, um gegen das sowjetische Regime zu kämpfen. Die historischen Ursprünge al-Qaidas fallen in diese Phase, in der Bin Laden und seine Weggefährten Freiwillige ins Feld schickten, die in Ausbildungslagern in Afghanistan trainiert wurden. 1989, nach dem Ende des Krieges und dem Abmarsch der russischen Armee, kehrten Teile dieser „Afghanen" (wie man die Afghanistan-Veteranen in ihren Herkunftsländern nannte) in ihre Heimat zurück, um den Dschihad im Innern fortzusetzen. Von ihnen wurden in den jeweiligen Gesellschaften oft die ersten dschihadistischen Keimzellen gebildet, deren Mitglieder sie in Techniken des Guerillakampfes und der Herstellung von Bomben unterwiesen, wenngleich in einem Krieg niedriger Intensität, wie er in Afghanistan herrschte, ausländische Dschihadisten in die Kampfhandlungen oft nicht einbezogen wurden.

In der Folge trat dann im Westen wie in der muslimischen Welt eine neue Generation von Dschihadisten auf den Plan, die ihre kämpferische Grundausbildung eher im Netz als vor Ort absolvierten. Insgesamt haben sie sich als klägliche Sprengstoffexperten, aber umso bessere Kenner des Internets und seiner verschlungenen Wege erwiesen.

Inzwischen kann man von einer dritten Generation von Dschihadisten sprechen, die in arabischen Ländern ausgebildet werden, in denen im Gefolge der von den arabischen Revolutionen gezeitigten Krise der Staat zerfiel, etwa im Jemen, in Libyen und vor allem in Syrien. Seit 2013 wütet dort der Bürgerkrieg (2012 hatte es noch eine friedliche Opposition gegeben, die trotz der Verschärfung der Straßenkämpfe die Ideale der arabischen Revolutionen hochzuhalten versuchte). Inzwischen gibt es eine trianguläre Front, in der die Armee Assads der Freien Syrischen Armee, aber auch den Dschihadisten gegenübersteht (die al-Nusra-Front und andere Gruppen berufen sich ebenso auf den radikalen Islam wie der sogenannte „Islamische Staat").

Und der Kampf findet auch zwischen diesen Oppositionsgruppen, zwischen der al-Nusra-Front und dem IS, statt. Mehr als 10 000 ausländische Dschihadisten kämpfen in Syrien, unter denen ungefähr 2000 Europäer und 1000 Tunesier sind, die an Kampfhandlungen teilnehmen.[48] In Afghanistan zählte man seinerzeit 3000 bis 5000 ausländische Dschihadisten, von denen aber nur zehn Prozent wirklich an den Kämpfen teilnahmen, während die anderen in Ausbildungslagern oder den pakistanischen Stammesgebieten blieben (Bergen 2006). Da die Zahl ausländischer Kämpfer weniger als 0,5 Prozent der Kräfte ausmachte, die gegen die Sowjetunion kämpften, fanden nur etwa fünfzig Araber aus dem Mittleren Osten den Tod, gegenüber einer Million Afghanen.[49] Anders die derzeitige Lage in Syrien. Zum einen ist es, wie es das in Afghanistan war, nicht möglich, in Gebieten mit Konflikten niedriger Intensität zu bleiben. Zum anderen hat sich das Verhältnis ausländischer gegenüber einheimischen Kämpfern radikal gewandelt: Die Freie Syrische Armee verfügt wahrscheinlich nur über 100 000 Kämpfer (ihre regulären Truppen werden auf 80 000 Mann geschätzt, von denen 50 000 bis 60 000 an der

---

[48] Schätzungen zufolge halten sich in Syrien mehrere Hundert libanesische, mehr als tausende tunesische, mehrere Hundert ägyptische, tausend saudische, mehrere Dutzend algerische und marokkanische Dschihadisten auf. Aus Ländern, die Schauplatz der arabischen Revolutionen in den Jahren 2010-2012 waren, befindet sich derzeit eine sehr viel größere Zahl von Anhängern des Dschihadismus in Syrien. Ein Grund dafür ist vor allem der Zerfall des Zentralstaates in den fraglichen Ländern. Vgl. „The Phenomenon of Foreign Fighters from the Arab World in the Syrian Civil War", The Meir Amit Intelligence and Terrorism Information Center at the Israeli Intelligence & Heritage Commemoration Center, Mai 2014 [online], http://www.terrorism-info.org.il/en/article/20646.

[49] Garcon, José & Perrin, Jean-Pierre: „Les Américains n'ont pas fabriqué Ben Laden", *Libération*, 27. September 2004; Harmony Project (2008).

Front stehen).[50] Die etwa 10 000 ausländischen Dschihadisten machen also einen sehr viel höheren Prozentsatz aus als seinerzeit in Afghanistan die radikalen Islamisten aus dem Ausland.

Mehrere dieser jungen Männer haben bereits den Tod gefunden, wie die beiden französischen Halbbrüder Jean-Daniel und Nicolas Bons (der sich Abu Abd al Rahman nannte), der erste im August, der zweite im September 2013. Oder der Engländer marokkanischer Herkunft, Choukri Ellekhlifi, genannt Abu Hujama al-Britani, der im August 2013 in Syrien getötet wurde, nachdem er versucht hatte, seinen Dschihad durch Diebstähle zu finanzieren, bei denen er mehrere Personen in den Straßen Londons mit der Waffe bedroht hatte.

Die Beschaffung von Mitteln für Dschihadisten in Syrien findet in Großbritannien, aber auch in Frankreich und muslimischen Ländern wie Saudi-Arabien, Katar und den Emiraten statt. Wie bereits erwähnt, sprechen europäische Dschihadisten in Interviews oder Nachrichten vor ihrem Aufbruch, ja nach Ankunft in Syrien häufig von einer „humanitären Mission" und setzen damit eine Tradition fort, die in Frankreich mit der berüchtigten „Roubaix-Gang" begonnen hatte, die 1996 ihr Unwesen trieb. Einige ihrer Mitglieder wie Lionel Dumont hatten an humanitären Missionen in Kroatien teilgenommen, bevor sie sich im Bosnienkrieg den radikalen Islamisten anschlossen. Die Identifikation europäischer Dschihad-Anwärter mit der dschihadistischen Gruppe findet nach und nach im Zuge der Waffenbrüderschaft statt, je nach ihrer Einbeziehung in Kampfhandlungen an der Seite hartgesottener Dschihadisten. Zunächst erledigen sie subalterne Aufgaben (Wasser verteilen, kochen, Verwundete transportieren ...), mit denen Neuankömmlinge betraut

[50] „La France a une responsabilité historique en Syrie", *Le Monde*, 27. Juli 2013.

werden, nachdem sie ein mehr oder weniger rudimentäres Training und die ideologische Indoktrinierung hinter sich haben. Häufig werden die europäischen Dschihadisten, die kein Arabisch sprechen, nach Herkunftsländern aufgeteilt. Die affektiven Bindungen, die so zwischen Individuen gleicher Nationalität entstehen, können sich als wertvoll erweisen, wenn sie einmal in ihr Herkunftsland zurückgekehrt sind und es darum geht, dort extremistische Kleingruppen zu bilden.

Nach Auskunft relativ verlässlicher Quellen ist praktisch kein Land in Westeuropa von der dschihadistischen Rekrutierung verschont geblieben. Burak Karan etwa, ein junger Fußballspieler türkischer Herkunft, schien eine große Zukunft als Profi vor sich zu haben. Manche seiner Kollegen wie Sami Khedira, Dennis Aogo oder Kevin Boateng, die ihrerseits einen Migrationshintergrund haben, sind Stars geworden. Karan dagegen starb im Oktober 2013 in Syrien, in der Nähe von Asas, im Bombenhagel des Assad-Regimes.[51]

Die dänischen Dschihadisten stehen den deutschen in nichts nach. Abu Khattab, aller Wahrscheinlichkeit nach im November 2013 an der syrischen Front getötet, hat zwei Videos auf *YouTube* gestellt, in denen er auf Dänisch zum Heiligen Krieg aufruft. Glaubt man Khattab, so sind die Annehmlichkeiten des dänischen Lebens bloß ein Köder, mit dem junge Muslime vom Weg des Dschihad abgebracht werden sollen:

> In Dänemark hat es uns an nichts gefehlt. Unsere Eltern haben uns alles bezahlt, wir haben kostenlos Brot und Milch bekommen. Aber die Ungläubigen konnten uns nicht täuschen. [...] Meine lieben Brüder, der Dschihad ist die größte Belohnung. Euer Blut wird süß riechen ... Meine lieben Brüder und Schwestern in Dänemark, auch Ihr müsst kommen.

---

[51] „From Soccer to Jihad: German Football Talent Killed in Syria", *Spiegel Online International*, 18. November 2013.

Es ist das Beste, was Ihr tun könnt, um das muslimische Volk und den Islamischen Staat zu stärken.

Unter den dänischen Dschihadisten ist noch Abderrozak Benarabe erwähnenswert, Chef der Gang Blågårds Plads, der sich Ahrar al-Scham, einer radikalislamistischen Gruppe in Syrien, angeschlossen hat. Er war 2006 angeklagt worden, zwei Polen dafür angeworben zu haben, fünf Personen in Dänemark zu exekutieren. 2010 freigesprochen, wurde er später wegen Gewalt und Erpressung verurteilt. Benarabes Gang hatte sich an einem Bandenkrieg beteiligt, bei dem sich Motorradgangs und Migrantengruppen bekämpften. Manche ihrer Mitglieder haben sich in Syrien an der Seite von Dschihadisten wiedergetroffen. Aus einem anderen Video geht hervor, dass sich Shiraz Tariq, Anführer der salafistischen Gruppe Kaldet til Islam (Zum Islam berufen), in Syrien der ultraradikalen Gruppe Dschaisch al-Muhadschirin wal-Ansar (Armee der Ausgewanderten und Gefährten des Propheten) angeschlossen und den „heiligen Tod" gefunden hat.[52] Einige Tausend ausländischer Dschihadisten kämpfen gegen die syrische Armee in der erklärten Absicht, den Märtyrertod zu finden. Ein weiterer dänischer Dschihadist, ein Ex-Häftling aus Guantánamo, Slimane Hadj Abderrahmane schloss sich der al-Nusra-Front an und wurde Anfang 2013 in Syrien getötet. Er war 2001 in Afghanistan verhaftet und nach Guantánamo überstellt worden, wo er 2004 freikam. 2007 verbüßte er eine zehnmonatige Haftstrafe wegen Kreditkartenbetrugs.

Diese Beispiele zeigen, wie nahezu überall in Europa eine verlorene Generation, die zum Teil in die Kriminalität

---

[52] Vgl. „Concern Over Islamist Letters Sent to Muslim Inmates", *The Copenhagen Post*, 4. Oktober 2013 [online], http://cphpost.dk/news/concern-over-islamist-letters-sent-to-muslim-inmates.7182html.

abgerutscht war, zwischen verschiedenen Ländern zirkuliert und das dschihadistische Abenteuer sucht, um ihrem Leben einen Sinn zu geben und im absoluten Einsatz eine Existenzberechtigung zu finden. Die Sinnfindung verläuft in diesem Fall über das Aufbegehren gegen die Gesellschaft und eine Selbstbehauptung, die im Namen eines heroisierten Heiligen Krieges alle Verbindungen mit der Umwelt, häufig auch mit der Familie kappt. Die Gesellschaft ist umso verhasster, als diese Generation von Einwandererfamilien aus der Unterschicht stammt, deren Kinder und Enkel sich abgelehnt und der Viktimisierung überantwortet fühlen. Von diesem Phänomen ist Europa im Übrigen sehr viel stärker betroffen als die Vereinigten Staaten (die Zahl der Amerikaner, die nach Syrien in den Dschihad gezogen sind, wird auf etwa einhundert geschätzt), obwohl zahlreiche Muslime die amerikanische Politik gegenüber der muslimischen Welt für sehr viel repressiver halten als die Europas. Dieser stark europäische Charakter des neuen Dschihadismus lässt sich durch die Nähe des Nahen und Mittleren Ostens, aber auch die prekären Lebensverhältnisse, ja die Ausgrenzung erklären, die zu einer Verschärfung der Identitätskrise und Viktimisierung zahlreicher Jugendlicher muslimischer Herkunft in Europa führt (während in den Vereinigten Staaten die weißen Muslime eher den Mittelschichten angehören).

Bleibt festzuhalten, dass man in Syrien auch vielen Dschihadisten aus der arabischen Welt begegnet, die insbesondere aus Libyen, das auch Waffen liefert (die Arsenale Gaddafis, die in die Hände der Kriegsherren gefallen sind, die sie an den Meistbietenden veräußern), aus Ägypten, aber auch aus den Emiraten stammen.

Die ausländischen Dschihadisten in Syrien sind zwischen fünfzehn und dreißig Jahre alt. Ein Teil dieser Dschihadisten wird den Krieg überleben und nach Hause (zumal nach Frankreich) zurückkehren, ein Rückstrom, der im Übrigen schon begonnen hat. Auch wenn es den Geheimdiensten gelingt, sie in ihrer großen Mehrheit zu identifizieren, wird man sie zweifellos nicht alle unter Kontrolle bringen können. Auch lassen sich nicht ausreichend Beweise zusammentragen, um sie ins Gefängnis zu schicken. Europa musste bereits mehrere Anschläge erleben, die von Personen verübt wurden, die den Geheimdiensten längst bekannt, aber nicht verhaftet worden waren, sei es aus Mangel an Beweisen, sei es, weil man nicht erkannt hatte, wie gefährlich sie waren. Mohammed Merah stand unter Beobachtung. Und auch Michael Adebolajo und Michael Adebowale waren als radikale Islamisten bekannt – aber all das reicht in einer Demokratie für eine Verhaftung nicht aus.

Unter den Dschihadisten, die die Gewalt in Syrien überleben werden, sind auch afrikanische Staatsangehörige, die aufgrund familiärer Verbindungen zur maghrebinischen Diaspora nach Europa und insbesondere nach Frankreich kommen werden. Man wird neue Maßnahmen zur Terrorbekämpfung ergreifen müssen, die sich nicht bloß der Strafverfolgung bedienen, sondern auch der Überzeugung und Integration. Dazu braucht es vor allem Verfahren der Deradikalisierung, bei denen Vertreter der Herkunftsviertel von Dschihadisten, Kommunalbehörden und religiösen Einrichtungen ebenso zusammenarbeiten müssen wie Polizisten und Psychiater.

Radikalisierung versus Deradikalisierung

Um der Radikalisierung zu begegnen, haben zahlreiche europäische Länder Maßnahmen zur „Deradikalisierung" ergriffen, mit denen Anhänger des Dschihadismus zu einer Normalität zurückgeführt werden sollen, die durch den Verzicht auf Gewalt als Mittel zur Behebung gesellschaftlicher Missstände definiert ist. Um die Radikalisierten unschädlich zu machen, schreckten freilich bestimmte Demokratien, etwa die Vereinigten Staaten, nicht vor Methoden zurück, die mit den Menschenrechten nicht immer vereinbar waren (willkürliche Verhaftung ohne Gerichtsverfahren wie in Guantánamo, inakzeptable Foltermethoden wie *Waterboarding* und andere physische und psychische Druckmittel, die etwa im Gefängnis von Abu Ghraib im Irak während der Besatzung durch die amerikanische Armee praktiziert wurden). In nichtdemokratischen Ländern, wie in den meisten des Nahen und Mittleren Ostens sowie in Nordafrika, ist ein Programm zur Deradikalisierung als solches problematisch und wirft erneut die Frage nach den Menschenrechten auf: Wie soll man Regierungen trauen, die den Volkswillen missachten und ihre Bevölkerung unterdrücken? Wie soll man ihrem Umgang mit Gefangenen (Folter, psychische und physische Zermürbung ...) und wie soll man schließlich den Statistiken trauen, die sie zur Deradikalisierung vorlegen? Saudi-Arabien zum Beispiel rühmt sich einer Erfolgsquote seines Deradikalisierungsprogramms von mehr als neunzig Prozent. Diese Zahl ist zweideutig, nicht allein aufgrund der Stoßrichtung der Programme und ihrer gesellschaftspolitischen Absichten, sondern auch wegen der enormen Vorteile, die dort gewährt werden (relativ gut bezahlte Arbeit, die den „Deradikalisierten" angeboten wird, materielle und finanzielle Anreize für ihre Heirat, ideologische Betreuung, um sie von ihrer radikalen

Auffassung des Islam abzubringen und zu einer „moderaten" Fassung der Religion Allahs hinzuführen).

In Demokratien ist Deradikalisierung nur denkbar, wenn die psychische Integrität des Individuums gewahrt bleibt. Und es braucht Verfahren, mit denen vormals wegen „Bildung einer terroristischen Vereinigung" Verurteilte dazu gebracht werden können, Gewalt nicht mehr als bevorzugte Form des Handelns zu begreifen. Die Deradikalisierung, die in Großbritannien und nach dem britischen Vorbild auch in den Vereinigten Staaten wie einigen anderen Ländern (in Norwegen für den Fall der Neonazis) in Angriff genommen wurde, kann selbstverständlich auch anderen europäischen Gesellschaften unmittelbar oder mittelbar als Modell staatlicher Intervention dienen. Um es fruchtbar zu machen, bedürfte es der Zusammenarbeit von Polizei, Gemeinden und Nachbarschaftsgruppen (wie man sie aus der angelsächsischen Welt kennt, während sie in Frankreich noch immer nicht als ein erster Schritt in Richtung Kommunitarismus anerkannt werden).

Die Europäische Kommission hat Leitlinien zur Radikalisierungsprävention für die europäischen Länder entwickelt (Commission européenne 2014).

In Frankreich, wo im Namen der Trennung von Religiösem und Politischem solche Maßnahmen auf besondere Bedenken der Verantwortlichen stoßen, wurde bislang kein Programm zur Deradikalisierung vorgelegt. Es gibt lediglich einen Plan der Regierung zur Eindämmung der Ausreisen nach Syrien, mit der Einrichtung einer kostenlosen Beratungsnummer für Familien mit einem Kind, das der Radikalisierung anheimgefallen ist.[53] Der Einzug des Reisepasses, vor allem bei Minderjährigen, und ein Programm zur individuellen Wiedereingliederung sind andere Maßnahmen, die im Rahmen dieses Plans vorgesehen sind.

---

[53] „Le plan de lutte contre le djihad entre en action", *Le Nouvel Obervateur avec AFP*, 30. April 2014.

Weiblicher Dschihadismus im heutigen Europa

Seit Beginn des Bürgerkrieges in Syrien (2013) tritt in Europa und namentlich in Frankreich ein neuer Typus von Dschihadistinnen auf den Plan. Neu ist zunächst und vor allem die deutliche Zunahme ihrer Zahl. Waren sie zuvor die Ausnahme, so findet man heute in Syrien einige hundert Europäerinnen – dazu kommen weitere Frauen, die von den Behörden an der Ausreise gehindert wurden.

Kennzeichnend ist weiterhin, dass viele dieser Frauen adoleszent oder postadoleszent sind, neben anderen, die zwischen zwanzig und dreißig Jahren alt sind. Ein dritter Charakterzug besteht darin, dass sie größtenteils nicht aus den Vorstädten, weil nicht aus den Unterschichten, sondern aus den Mittelschichten stammen. Daher ist Hass auf die Gesellschaft auch nicht das Hauptmotiv ihres Aufbruchs zu den syrischen Kriegsschauplätzen. Und ein vierter Zug ist schließlich, dass viele unter ihnen vom christlichen, in einigen Fällen auch vom jüdischen, ja buddhistischen Glauben zum Islam übergetreten sind oder vor ihrer Konversion in agnostischen oder atheistischen Familien gelebt haben.

Mehrere Logiken greifen hier ineinander. Zunächst eine verquere humanitäre Vision: Die Brüder und Schwestern im Glauben (die Sunniten) brauchen Hilfe im Kampf gegen das häretische und bösartige Regime Assads (der zu den Alawiten gehört, die den Sunniten als eine vom rechten Glauben abgefallene Sekte gelten). Man muss in den Dschihad ziehen, um diesen Menschen zur Seite zu stehen. Vor allem ist es das Bild des idealisierten Mannes, was diesen häufig postadoleszenten

Frauen vor Augen steht, die dem Feminismus ihrer Mütter und Großmütter mit einer gewissen Ernüchterung begegnen. Umso mehr wird die virile Männlichkeit dessen idealisiert, der dem Tod die Stirn bietet und sich dadurch als männlich, aufrecht, verlässlich erweist – Attribute, die sich zum Bild des „idealen Gatten“ und einer verloren geglaubten Männlichkeit fügen. Anders als die unreifen und unzuverlässigen jungen Männer, die in den Augen dieser jungen Frauen das überlieferte Bild des Vaters entweiht haben, legt er im Kampf gegen den Feind unbedingten Einsatz an den Tag. Der Typus des dschihadistischen Kämpfers empfiehlt sich als der ideale Ehemann, an dessen Seite man der Misere wachsender Unbeständigkeit und Zerrüttung entkommen kann, unter der moderne Paare leiden. Häufig stammen die angehenden Dschihadistinnen aus Patchwork-Familien, in denen sie die Zerbrechlichkeit der elterlichen Ehen erleben mussten und in der Scheidung die Vorrechte des Mannes dahinschwinden sahen. Sie lehnen das in modernen Gesellschaften herrschende Männerbild ebenso ab wie das Frauenbild und begeben sich auf die Suche nach einer Art anthropologischer Utopie, in der sich die Erfahrung absoluter Zuverlässigkeit und Wahrhaftigkeit mit einer „guten Ungleichheit“ verbinden soll. Die dschihadistischen Websites des „Islamischen Staates“ (Daesh) verstehen es, die Empfindsamkeit dieser Heranwachsenden anzusprechen und sich dabei den Zauber zunutze zu machen, der vom edlen Bild der Frau ausgeht, die vor der modernen Instabilität durch die Verlässlichkeit eines heldenhaften Mannes geschützt ist, der ihr festen Halt bietet (er ist nicht effeminiert, er weiß, wie man kämpft, er trotzt allen Widrigkeiten). Eine naiv romantische Vorstellung von der Liebe verschränkt sich mit der Faszination, die Krieg und Gewalt auf einen Teil dieser jungen Frauen ausüben.

Im Übrigen werden die jungen Frauen, die in den ersten Ausreisewellen nach Syrien kamen, selber als „Anwerberinnen“

eingesetzt. Sie schreiben E-Mails und Blogs, die eine Bilderbuchvorstellung vom Leben der Frau eines Mudschaheddin, eines Kämpfers im Dschihad in Syrien, heraufbeschwören. Manchmal heiraten die Muhadschirat, die Auswanderinnen, vor Ort Europäer, die in Syrien in den Rang dschihadistischer Kämpfer aufgestiegen sind – wie Khadija Dare, eine Londonerin, die einen schwedischen Kämpfer geheiratet hat, der unter dem Namen Abu Bakr an der Seite des „Islamischen Staates“ kämpft.

Die Intensität des Lebens im „Ausnahmezustand“ eines mit sakraler Bedeutung aufgeladenen Krieges lässt die Frauen eine Zeit lang ihre untergeordnete Stellung vergessen, die der Begriff der „Komplementarität“ verschleiert. Gleichzeitig sorgt die kulturelle Annäherung von Männern und Frauen in westlichen Gesellschaften dafür, dass die Gewalt kein exklusives Vorrecht des Mannes mehr ist. Die Frau kann indirekt an ihr teilhaben – zumindest in Form einer Gewalt gegen andere Frauen, die als abtrünnig gelten, wie die Jesidinnen und Assyrerinnen, die vom „Islamischen Staat“ versklavt werden, um den sexuellen Appetit der Kämpfer zu befriedigen. Die Aufsicht über dafür eingerichtete islamische Freudenhäuser wird gerne jungen westlichen Frauen übertragen, die zum islamischen Glauben konvertiert sind.

Indem sie manche dieser jungen Frauen in Brigaden zur Durchsetzung ihrer Version der Scharia aufnehmen, verleihen ihnen die Protagonisten des „Islamischen Staates“ eine Art Legitimität, vor allem aber Autorität über die Nichtmusliminnen oder „schlechten Musliminnen“, die häufig älter sind als sie. Dieser Machtzuwachs fungiert gleichsam als Übergangsritus: Die Unterdrückung anderer Frauen gibt ihnen das Gefühl, erwachsen geworden zu sein. Dieselben Autoritäten nötigen die jungen Frauen auch zur Heirat mit vorzugsweise europäischen Dschihadisten. Heranwachsende

Mädchen werden für heiratsfähig erklärt (sogar schon mit neun Jahren, was freilich nicht die jungen Frauen betrifft, die nach Syrien ausreisen), um Familien zu gründen, deren Kinder durch den „Islamischen Staat" indoktriniert werden. Die Begeisterung darüber, in der verherrlichten „islamischen" Familie die idealisierte Rolle der Mutter im Dienste des Kalifats zu übernehmen, lässt sie die untergeordnete Stellung der Frau ausblenden, die sich in dieser vermeintlichen Bevorzugung verbirgt. Die kriegerische Stimmung, der Mythos islamischer Reinheit unter dem IS, die Glorifizierung des Heldentums ihrer Männer, die Würde der künftigen Mutterschaft, kurzum: diese völlig neue, von ihrem Herkunftsland so verschiedene Welt übt eine Zeit lang eine magische Anziehungskraft auf sie aus.

Dass diese Rückkehr zur Tradition eine solche Attraktivität entfaltet, hängt auch mit der modernen Familie zusammen. Doppelte Vaterschaft (biologischer Vater, „rechtlicher Vater") und doppelte Mutterschaft (biologische Mutter und – in dem selteneren Fall, dass das Kind beim Vater lebt – „rechtliche Mutter", also die Frau des Vaters) mögen dem Kind einen größeren Handlungsspielraum eröffnen, in dem es die Autoritäten gegeneinander ausspielen kann. Aber die Vervielfältigung der Autoritäten schwächt diese, und anders als in der traditionellen patriarchalischen Familie, wo das Kind unter einem Übermaß väterlicher Autorität litt, wird der derzeitige Autoritätsschwund zur Quelle von Angst und Verunsicherung für die Eltern. Im Übrigen sind sich die „angehenden Erwachsenen" bestimmter Rechte früher bewusst, als sie es in der Vergangenheit waren. Gleichzeitigkeit bringen die Notwendigkeiten des Lebens und die Dauer des Studiums die Gefahr mit sich, dass Kinder länger bei ihren Eltern bleiben und Adoleszenz wie affektive und ökonomische Abhängigkeit von den Eltern sich in die Länge ziehen. In der Zerrüttung der Autoritäten, ja in einem Autoritätsvakuum tut sich ein Spielraum auf, in dem die

Heranwachsenden vor einem schwindelerregenden Zuwachs an Handlungsmöglichkeiten stehen –, doch damit zugleich auch eine Zone der Angst. Das Internet sorgt seinerseits dafür, dass sie in ein anderes Universum eintauchen, das nicht mehr dasjenige ihrer Eltern ist, in ein virtuelles Universum, das ihnen umso wirklicher erscheint, als es ihnen an Rückhalt in ihrem symbolischen Universum fehlt. Der Dschihadismus vermag den Heranwachsenden, die sich ein wenig „verloren" fühlen, den Eindruck zu vermitteln, sie könnten im Kampf für die Sache des Islam „erwachsen" werden.

Die Entthronung der jungen Männer in den westlichen Gesellschaften geht einher mit der Verherrlichung des jungen Dschihadisten, dessen Braut die jungen Frauen werden wollen. Was macht ihn so unwiderstehlich? Die Antwort ist eindeutig: dass er dem Tod die Stirn bietet. Auf diesen neuen Mann und Übermenschen, dessen Gewalt ihn über die Masse erhebt, glaubt die junge Frau sich stützen zu können – ein wenig wie die Frauen, die ausgewiesenen Kriminellen Liebesbriefe ins Gefängnis schicken. Die verzweifelte Suche nach Autorität treibt diese jungen Leute der Macht in ihrer repressivsten Form in die Arme. Je repressiver die Macht, desto anziehender. Die Suche nach der „repressiven Transzendenz" soll dem fehlenden Sinn in der lückenlos gewordenen Diesseitigkeit einer Welt abhelfen, in der im Zuge eines Gestaltwandels der Familie, des Politischen und des Sozialen der Egalitarismus zum Leitbild allen Sinnes geworden ist. In einer hypersäkularisierten Gesellschaft, in der jede sakrale Transzendenz getilgt scheint, ist es das Sakrale repressiven Typs, das der Nivellierung noch widersteht – eine Art Archaisierung des Sinns, die der Sinnferne gänzlich entzauberter, profanierter sozialer Beziehungen entgegenwirken soll.

Weshalb ist es gerade der Islam, der sich als Antwort auf diese Sinnfrage empfiehlt? Zunächst, weil derzeit nur wenige gewalttätige Extremismen auf dem Markt der Ideologien angeboten werden. In seiner dschihadistischen Version befriedigt der Islam zwei widersprüchliche Bedürfnisse der europäischen Jugendlichen aus den Mittelschichten: Er hält zum einen eine antiimperialistische, zum anderen eine hyperpatriarchale Vision bereit. Wer mit einer von den Vereinigten Staaten beherrschten Weltordnung brechen will, findet in ihm die ideologischen Mittel, und wer nach einer absoluten Transzendenz sucht, um seiner Identitätskrise abzuhelfen, findet in ihm eine unerschöpfliche Quelle repressiver Sakralisierung.

Schlusswort

Im gegenwärtigen Kontext einer fortschreitenden Globalisierung der Wirtschaft und der Information kann alles, was in einer Ecke der Welt geschieht, unverhoffte Folgen in anderen Regionen haben. Der Bürgerkrieg in Syrien und die Ausweitung des Dschihadismus unter Beteiligung junger Europäer und Maghrebiner, die sich dort noch stärker radikalisieren und an der Waffe ausbilden lassen, werden Auswirkungen haben, die sich noch kaum absehen lassen, wenn diese Glaubenskrieger einmal nach Europa zurückkehren. Es wird zu Terrorakten kommen, die Angst und Schrecken verbreiten, und mit ihnen werden sich auch Rassismus und Islamophobie verschärfen, wenn die Gesellschaft nicht erfolgreich auf Lösungen sinnt.

Radikalisierung ist vielgestaltig. Sie erneuert sich, sie passt sich an jeden neuen Kontext an, um den Kampf der Staaten gegen sie ins Leere stoßen zu lassen. Der Dschihadismus ist derzeit die massivste Ausprägung der neuen Radikalisierung im Westen und in der muslimischen Welt. Aber diese Radikalisierung weitet sich längst schon auf andere Formen der Ideologie aus, wie den xenophoben und antiislamischen Extremismus der äußersten Rechten, und auf die Gewalttaten, die von einer Reihe anderer Gruppierungen verübt werden (Abtreibungsgegner in den Vereinigten Staaten, Radikalökologen etc.), deren Handlungsmuster sich je nach Lage wandeln und auf die Maßnahmen der Geheimdienste einstellen, die mit ihrer Bekämpfung betraut sind.

Die neuen Formen der Radikalisierung sind zugleich unvorhersehbarer und eingeschränkter als die vorhergehenden: Die beteiligten Personen sind weniger zahlreich, die von ihnen gebildeten Gruppen kleiner, die Gefolgsleute psychisch instabiler und die Gewalttaten, zu denen sie fähig sind, begrenzter als zu Zeiten des 11. September 2001, an dem durch die mörderische Tat von 19 Radikalisierten, die zu al-Qaida gehörten, fast 3000 Menschen zu Tode kamen. Durch die „Erfolge" der Geheimdienste und Sicherheitskräfte sind im Westen und namentlich in Frankreich die zerstörerischen Auswirkungen der Radikalisierung begrenzter als in der Vergangenheit. Einerseits sind die Radikalisierten unsichtbarer geworden (die Polizei hat Schwierigkeiten, Individuen oder sehr kleine Gruppen zu identifizieren), andererseits hat ihre Durchschlagskraft abgenommen, weil der massive Einsatz der Polizei zur Dezimierung der Gruppenstärke führte.

Die Radikalisierung hat in den letzten Jahrzehnten eine andere Form angenommen. Die islamische Revolution im Iran von 1979, der Krieg in Afghanistan mit der sowjetischen Invasion im gleichen Jahr, die Inkubationszeit einer neuen Art von Dschihadismus, der sich gegen den „fernen Feind", die Vereinigten Staaten richtete, und schließlich die Anschläge vom 11. September 2001 – all das waren entscheidende Augenblicke. Seit dem Beginn des 21. Jahrhunderts ist dann in Europa der hausgemachte Dschihadismus zur vorherrschenden Spielart geworden.[54] Und mit den arabischen Revolutionen von 2010/11 ist abermals eine neue Epoche angebrochen, die ihren Höhepunkt im syrischen Bürgerkrieg und im Staatszerfall in Libyen und im Jemen gefunden hat. Wir erleben eine neue Ära des radikalen Islamismus, in der es al-Qaida, vor Jahren durch die amerikanischen Angriffe noch in die Defensive geraten, gelungen ist, sich in dezentralisierter Form zu regenerieren, insbesondere im Irak und in Syrien, aber auch in Ägypten (in der Sinai-Wüste) und Tunesien (vor allem an der Grenze zu Algerien). Die Konzentration

[54] In Frankreich schon früher. Bereits 1995 gab es zwischen Juli und Oktober acht Attentate mit acht Toten und zweihundert Verletzten.

von mehreren tausend Dschihadisten in Syrien, unter denen fast 2000 Europäer sind, lässt einen Rückstrom nach Europa erwarten, der große Probleme mit sich bringen wird, wenn keine geeigneten Maßnahmen ergriffen werden. Wie soll man mit den Hunderten von Franzosen, aber auch Belgiern, Engländern, Dänen, Deutschen und anderen umgehen, die aus dem Heiligen Krieg in Syrien nach Europa zurückkehren? Mit Strafverfolgung allein wird es nicht getan sein. In Frankreich etwa wird man die Deradikalisierung auf eine Weise betreiben müssen, die dem französischen Laizismus Rechnung trägt. Man wird Gruppen bilden müssen, die sich aus Imamen, Gemeindevertretern, Polizisten, Autoritäten aus dem Viertel (den „Weißbärten", *barbes blanches*) und Psychologen zusammensetzen, um den verunsicherten Jugendlichen, die kein anderes Mittel zur Lösung ihrer Probleme kennengelernt haben als Gewalt, andere Lebenswege vor Augen zu führen. Man wird diese Jugendlichen in das soziale Leben integrieren müssen, um ihnen, wenn möglich, die Chance zu eröffnen, den Teufelskreis einer entfesselten Gewalt zu durchbrechen, die am Ende ins Gefängnis führt oder in den Tod. In Anbetracht der Neutralität seines laizistischen Staatswesens ist Frankreich nicht für sein Talent bekannt, solche Strukturen auf den Weg zu bringen, die es im Vereinigten Königreich und einer Reihe anderer europäischer Länder, aber auch in den Vereinigten Staaten schon gibt. Aber alle Verfolgungs- und Strafmaßnahmen der Welt werden nicht ausreichen, um diesem Typus ideologischer Gewalt Einhalt zu gebieten, sofern sie nicht von einer psychologischen und theologischen Betreuung begleitet werden, der es gelingt, die Weltsicht der Glaubenskrieger zu ändern. Ein striktes und unbewegliches Festhalten am Laizismus wird darum die Kooperation von religiösen und zivilen Autoritäten in flexiblen Strukturen beeinträchtigen, in denen Vertreter des Staats auf solche der Zivilgesellschaft und der realen Gemeinschaften treffen. Es wird also nötig sein, die Furcht vor einer zu großen Religionsnähe zu überwinden, um die Entfesselung der Gewalt auf beiden Seiten zu verhindern.

Der Dschihadismus hat dazu geführt, dass eine Reihe fundamentaler Freiheiten, insbesondere die der Meinungsäußerung, in Frage gestellt wurden. Er hat Situationen geschaffen, durch die sich der Gesetzgeber genötigt sah, die verschiedenen Formen extremistischer Propaganda mehr und mehr als Straftatbestände zu behandeln. Die Rechtsprechung zum „medialen Dschihad" (oder zur Anstiftung zur Gewalt in Großbritannien) nähert sich damit immer mehr der strafrechtlichen Verfolgung von „Anstiftungstaten". Dieser Rechtswandel, der im Einklang mit einer öffentlichen Meinung vollzogen wird, in der das Gefühl der Bedrohung überwiegt, trägt zu einer Auflösung der Grenze zwischen Rede und Tat bei. Das führt dazu, dass die Rede fortan eher als „verbale Tat" denn als eine Meinungsäußerung behandelt wird, deren Freiheit von der Demokratie garantiert werden sollte. Wenn diese Einschränkung der freien Meinungsäußerung erst einmal ein paar Jahrzehnte angehalten hat, wird sie den nachkommenden Generationen als normal erscheinen und derart die Freiheit der Rede beschneiden, die den Gründern der Demokratie als selbstverständlich galt.

Die neuen Formen des Extremismus, dessen vorherrschende Spielart seit mehr als einem Jahrzehnt der Dschihadismus ist, sind Anzeichen eines tiefgreifenden Unbehagens in der heutigen Welt. Gewiss kann man sie individueller Verantwortung oder religiösem Radikalismus zur Last legen. Aber die Misere moderner Gesellschaften, von der Durkheim in Begriffen der Anomie, der Auflösung sozialer Bindungen gesprochen hat, zeitigt in Kombination mit wirtschaftlicher Exklusion innerhalb einer prinzipiell egalitären Massenkultur ein neuartiges Unbehagen, mit dem unsere Gesellschaften sehr schlecht zurechtkommen. Die Globalisierung geht mit einem tiefen Gefühl der Zurücksetzung und Frustration einher, das sich nicht mehr in den festgefügten ideologischen

Grenzen hält, die es zu Zeiten des Kalten Krieges noch gegeben haben mochte. Begreift man Staatsbürgerschaft als wirtschaftliche und soziale Integration in eine Gesellschaft, so ist Radikalisierung – ebenso wie ihr greifbarster Ausdruck, der Terrorismus – eines der Probleme, an denen sich das Ungenügen eines Teils der Bürger an einer Welt offenbart, in der sie nicht wirklich Bürger sein können.

Literatur

AS-SALAFI, Abu Ameenah Abdur Rahman & AL-ASHANTI, Abdul Haq (2011): *Abdullah El-Faisal al-Jamaiki: A Critical Study of His Statements, Errors and Extremism in Takfeer*, Luton: Jamiah Media.

ADRAOUI, Mohamed-Ali (2013): *Du Golfe aux banlieues: le salafisme mondialisé*, Paris: PUF (Reihe „Proche Orient").

ANDRÉ-DESSORNES, Carole (2013): *Les femmes-martyres dans le monde arabe, Liban, Palestine et Irak*, Paris: L'Harmattan.

BAKER, Abdul Haqq (2011): *Extremists in Our Midst: Confronting Terror*, Basingstoke: Palgrave Macmillan (Reihe „New Security Challenges Series").

BAKKER, Edwin, PAULUSSEN, Christophe & ENTENMANN, Eva (2013): „Dealing with European Foreign Fighters in Syria: Governance Challenges and Legal Implications", Den Haag: ICCT Research Paper, Dezember 2013.

BERGEN, Peter (2006): *Ben Laden l'insaisissable*. Übers. von Joseph Antoine et Pascal Loubet, Neuilly-sur-Seine: Michel Lafon.

BORUM, Randy (2011): „Radicalization into Violent Extremism. I. A Review of Social Science Theories", in: *Journal of Strategic Security* 4(4), S. 7-36.

BOUZAR, Dounia (2014): *Désamorcer l'islam radical: ces dérives sectaires qui défigurent l'islam*, Ivry-sur-Seine: Éditions de l'Atelier.

BRONNER, Gérald (2009): *La pensée extrême: comment des hommes ordinaires deviennent des fanatiques*, Paris: Denoël.

CANNAC René (1961): *Aux sources de la révolution russe: Netchaïev. Du nihilisme au terrorisme*. Vorwort von André

Mazon, Paris: Payot (Reihe „Bibliothèque historique“) 1961.

EUROPÄISCHE KOMMISSION (2014): *Preventing Radicalisation to Terrorism and Violent Extremism: Strengthening the EU's Response*, Brüssel: Europäische Kommission, COM (2013), 941 final.

COOK, David (Hg.) (2010): *Jihad and Martyrdom*, London: Routledge.

COOLSAET, Rik (2005): *Radicalisation and Europe's Counter-terrorism Strategy*, Royal Institute for International Relations, Brüssel, & Ghent University, The Transatlantic Dialogue on Terrorism. CSIS/Clingendael, Den Haag 2005.

CRENSHAW, Martha (2005): „Political Explanations“, in: *Addressing the Causes of Terrorism* (Reihe „Club de Madrid Series on Democracy and Terrorism“), Bd. 1, S. 13.-19 [online], URL: media.clubmadrid.org/docs/CdM-Series-on-Terrorism-Vol-1.pdf.

DARTNELL, Michael (1995): *Action directe: Ultra-Left Terrorism in France, 1979-1987,* London: Frank Cass & Co. Ltd.

DELLA PORTA, Donatella (2005): „Research Design and Methodological Considerations“, in: Donatella Della Porta & C. Wagemann (Hg.), *Political Violence and Terrorism: Patterns of Radicalization in Political Activism*, Research, Florenz (EUI): Veto Project Report.

DEVEREUX, Georges (1970): *Essais d'ethnopsychiatrie générale*, Paris: Gallimard (Reihe „Tel“).

DUBET, François (2008 [1987]): *La galère, jeunes en survie*, Paris: Seuil (Reihe „Points“).

FILIU, Jean-Pierre (2006): *Les frontièrs du Jihad*, Paris: Fayard.

GAMBETTA, Diego (Hg.) (2005): *Making Sense of Suicide Missions*, Oxford: Oxford University Press.

HARMONY PROJECT (2008): *Bombers, Bank Accounts, and Bleed Out: al-Qa'ida's Routes in and out of Iraq*, Bericht, New York: Combating Terrorism Center at West Point.

JÜRGENSMEYER, Mark (2003): *Terror in the Mind of God: The Global Rise of Religious Violence*, Berkeley: University of California Press.

KEPEL, Gilles (2003): *Jihad. Expansion et déclin de l'islamisme*, Paris: Gallimard (Reihe „Essais").

KHOSROKHAVAR, Farhad (1997): *L'islam des jeunes*, Paris: Flammarion (Reihe „Essais").

– (2004): *L'islam dans les prisons*, Paris: Balland (Reihe „Voix et regards").

– (2009): *Inside Jihadism: Understanding Jihadi Movements Worldwide*, Boulder, London, Yale: Paradigm Publishers (Reihe „Yale Cultural Sociology Series").

– (2011): *Jihadist Ideology: The Anthropological Perspective*, Aarhus (Dänemark): Centre for Studies in Islamism and Radicalisation, Department of Political Science, Aarhus University 2011.

– (2013): „Radicalization in Prison: The French Case", in: *Politics, Religion & Ideology* 14(2), S. 284-306 [online], URL: http://dx.doi.org/10.1080/21567689.2013.792654 [zuletzt aufgerufen: 2. Mai 2014].

LAPEYRONNIE, Didier (2008): *Le ghetto urbain: ségrégation, violence, pauvreté en France aujourd'hui*, Paris: Robert Laffont (Reihe „Le monde comme il va").

LASKE, Karl (2012): *La mémoire du plomb*, Paris: Stock.

LEIKEN, Robert S. & BROOKE, Steven (2006): „The quantitiative Analysis of Terrorism and Immigration: An Initial Exploration", in: *Terrorism and Political Violence* 18, S. 503-521.

McCAULEY, Clark & MOSKALENKO, Sophia (2008): „Mechanism of Political Radicalization: Pathways Towards

Terrorism“, in: *Terrorism and Political Violence* 20(3), S. 415-433.
McCAULEY, Clark & MOSKALENKO, Sophia (2011): *Friction: How Radicalization Happens to Them and Us*, Oxford: Oxford University Press.
MERAH, Abdelghani & SIFAOUI, Mohamed (2012): *Mon frère ce terroriste*, Paris: Calmann-Lévy.
O'NEILL, Sean & McGRORY, Daniel (2006): *The Suicide Factory, Abu Hamza and the Finsbury Park Mosque*, London: Harper Perennial.
PAPE, Robert (2006): *Dying to Win: The Strategic Logic of Suicide Terrorism*, New York: Random House.
PATRICOT, Aymeric (2013): *Les Petits Blancs: un voyage dans la France d'en bas*, Paris: Plein Jour.
PAVEY, Eleanor (2006): „Les kamikazes sri lankais“, in: *Cultures & Conflits* 63, S. 135-154.
PEDAHZUR, Ami (2004): „Toward an Analytical Model of Suicide Terrorism – A Comment“, in: *Terrorism and Political Violence* 16(4), S. 814-844.
RIVOIRE, Jean-Baptiste (2011): *Le Crime de Tibhirine, révélations sur les responsables*, Paris: La Découverte (Reihe „Cahiers libres“).
ROUGIER, Bernard (2004): *Le jihad au quotidien*, Paris: PUF (Reihe „Proche Orient“).
SAGEMAN, Marc (2004): *Understanding Terror Networks*, Philadelphia: University of Pennsylvania Press.
– (2008): *Leaderless Jihad: Terror Networks in the Twenty-First Century*, Philadelphia: University of Pennsylvania Press.
SAVOIE, Pierre (2011): *RG: la traque d'Action directe*, Paris: Nouveau Monde Editions.
SILBER, Mitchel D. & BHATT, Arvin (2007): „Radicalization in the West: The Homegrown Threat“, in: *The NYPD Jihadist Report*, New York: New York City Police Department, Intelligence Division.

STEINER, Anne & DEBRAY, Loïc (2006): *RAF. Guérilla urbaine en Europe occidentale, Paris: Éditions l'Échappée* (Reihe „Dans le feu de l'action").

THOMSON, David (2014): *Les Français jihadistes*, Paris: Les Arènes.

VAREILLES, Thierry (2005): *Histoire d'attentats politiques, de l'an 44 av. Jésus-Christ à nos jours*, Paris: L'Harmattan.

WIEVIORKA, Michel (1988): *Société et terrorisme*, Paris: Fayard.

WILNER, Alex S. & DUBOULOZ, Claire-Jehanne (2012): „Homegrown Terrorism and Transformative Learning: an Interdisciplinary Approach to Understanding Radicalization", in: *Global Change, Peace & Security* 22(1), S. 33-51.

ZARATE, Juan C. (2013): *Treasury's War: The Unleashing of a New Era of Financial Warfare*, New York: Public Affairs.